Mobile

Heimat- und Sachunterricht 4
Bayern

Herausgegeben von
Prof. Dr. Joachim Kahlert
Sigrid Binder

Unter Beratung von
Prof. Dr. Michael Gebauer, Nicole Gebler,
Matthias Röttger

Erarbeitet von
Tilman Dreher, Matthias Kramer,
Nina Kümpel, Dr. Ulrike Rutke,
Elke Toledo

Illustriert von
Matthias Berghahn, Christine Henkel,
Markus Humbach, Christina Rademacher-
Ponten, Silke Reimers, Oda Ruthe

westermann

Inhalt

Demokratie und Gesellschaft Körper und Gesundheit Natur und Umwelt

Spuren unserer Vergangenheit

Ich finde mich zurecht!

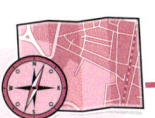

Wo wir und andere leben

Sicher im Straßenverkehr

Arbeit in Industrie und Handwerk

Brücken und andere Bauten

Ein Blick zurück, ein Blick nach vorn ... Schaue am Ende mal auf S. 142 und 143.

Zeit und Wandel   Raum und Mobilität   Technik und Kultur

Gemeinsam ein Thema planen

Vorwissen sammeln, Fragen entwickeln

- Was interessiert dich an diesem Thema? Notiere.

Sich gesund ernähren

Warum dürfen manche Kinder nicht alles essen?

Woher kommen eigentlich Bananen?

Warum soll ich mich gesund ernähren?

- Was weißt du schon zu diesem Thema? Berichte darüber.

Bei uns gibt es einen Biomarkt ...

- Zu welchem Inhalt möchtest du bei diesem Thema mehr wissen? Was möchtest du bearbeiten?

Ich würde gerne wissen, ob Bioprodukte wirklich besser sind.

Mein Papa arbeitet in einem Supermarkt. Er kann darüber berichten, was mit den Lebensmitteln passiert, die nicht verkauft werden können.

- Plant nun euer Thema gemeinsam.

Sich gesund ernähren

1. Unterrichtsgang zum Wochenmarkt
2. Vortrag von Tim zu Bioprodukten
3. Annas Papa beantwortet Fragen zu Lebensmitteln.
4. ...

4

→ Seite 55, 65, 81, 121

Überlegungen sichtbar machen

Mit einer **Ideenkarte** könnt ihr in Vierergruppen eure Überlegungen und Vorschläge zu einem Thema sammeln.

1. Setzt euch zu viert um einen Tisch. Teilt ein Blatt in vier Felder auf.

2. Schreibt das Thema, zu dem ihr euch austauschen möchtet, in das mittlere Feld.

3. Jedes Kind schreibt seine Ideen nun in das Feld, das vor ihm liegt.

4. Dreht nun die Ideenkarte. Jedes Kind liest die Vorschläge der anderen Kinder.

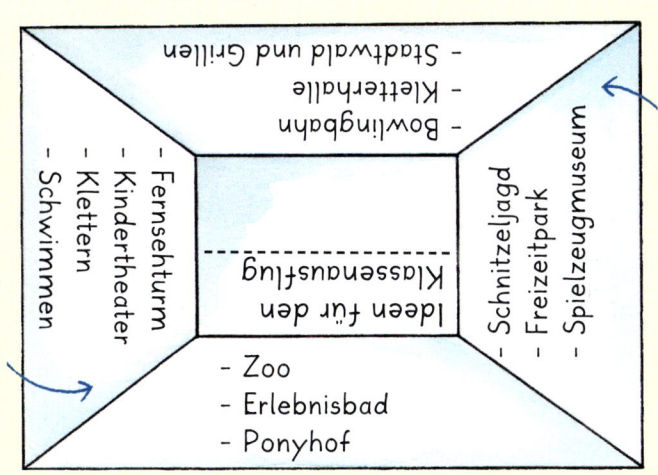

5. **Besprecht die Ideen.** Einigt euch in der Gruppe auf ein gemeinsames Ergebnis. Schreibt dieses in das mittlere Feld.

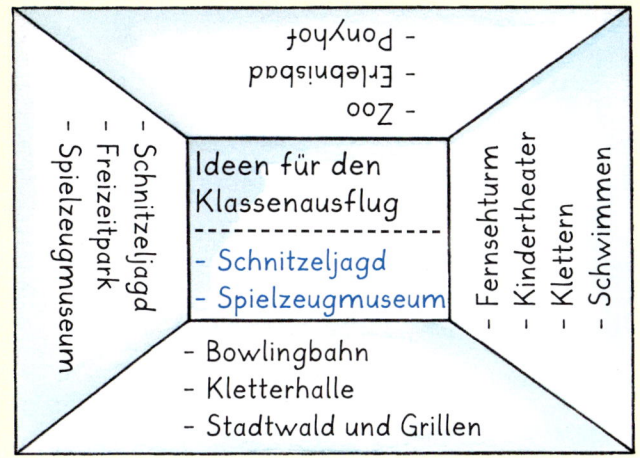

➜ Seite 55, 65, 81, 121

5

Sich informieren

Einem Text Informationen entnehmen

1. Überlege, was du herausfinden möchtest.

> Ich möchte wissen, wie die Ritter im Mittelalter lebten.

2. Notiere deine Fragen.

> ### Das Leben der Ritter
>
> - Wie schwer war eine Ritterrüstung?
> - Lebten alle Ritter auf Burgen?
> - ...

3. Suche nach einem passenden Text. Verschaffe dir einen ersten Überblick.

> Ich schaue mir zuerst **das Inhaltsverzeichnis** an.

> Vielleicht gibt es auch **ein Stichwortverzeichnis** im Buch.

> Ich überfliege **die Überschriften** und **die Bilder.**

4. Bestimmt fallen dir weitere Fragen ein, die du beantwortet haben möchtest. Notiere sie.

5. Notiere dir wichtige Aussagen aus dem Text.
   Halte sie möglichst in eigenen Worten fest.
   Du kannst dir Stichwörter oder ganze Sätze notieren.

> ### Gewicht einer Ritterrüstung
> Eine Ritterrüstung wog 20 – 30 kg.
>
> ### Wo lebten Ritter?
> - meist in Steinhäusern
> - nur wenige reiche Ritter auf Burgen

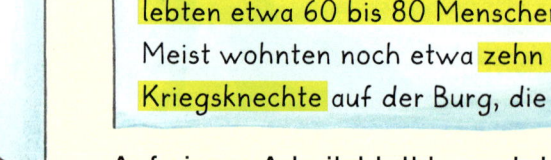

> ==Auf einer mittelalterlichen Burg lebten etwa 60 bis 80 Menschen.== Meist wohnten noch etwa ==zehn Kriegsknechte== auf der Burg, die ...

Auf einem Arbeitsblatt kannst du auch Wörter oder Sätze markieren, die dir wichtig sind.

→ Seite 19, 48, 59, 91

Sich im Internet informieren

1. Bereite deine Suche im Internet vor.

> **Thema:** Die Ritter im Mittelalter
> **Meine Fragen dazu:**
> – Wie sah der Alltag von Rittern aus?
> – Wie alt wurden Ritter?
>
> **Passende Suchbegriffe:**
> Alltag Ritter, Alter Ritter

2. Nun kann die Suche im Internet beginnen.

Suchmaschine auswählen
Für Kinder gibt es Kindersuch-
maschinen, mit denen man geeignete
Informationen für Kinder finden kann.
Wenn du die Adresse kennst, kannst
du sie hier eintragen.

Suchbegriff eintragen
Trage als Suchbegriff ein Stichwort oder
mehrere Stichwörter in das Suchfeld ein.
Bei manchen Suchmaschinen kannst du
deine Frage auch komplett eingeben.
Klicke dann auf „Suche".

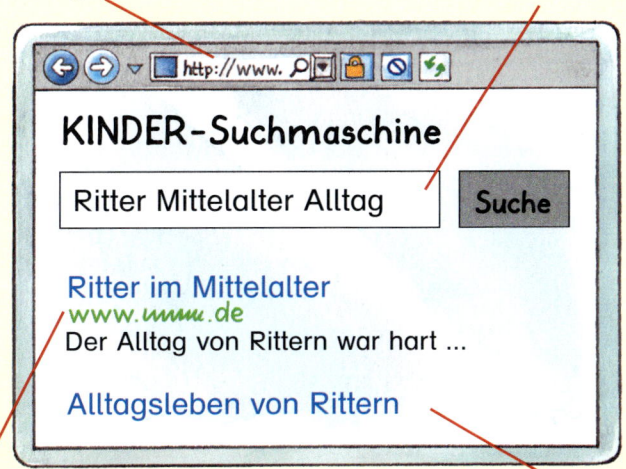

Suchergebnisse anschauen
Unterhalb des Suchfeldes wird dir
eine Auswahl verschiedener Internetseiten angezeigt. Je genauer deine
Suchbegriffe sind, desto gezielter ist
das Ergebnis. Durch Anklicken kannst
du die Seiten aufrufen.

Suchergebnisse überprüfen
Nicht alles, was du im Internet an
Informationen findest, stimmt. Daher
solltest du deine Suchergebnisse nochmals
überprüfen. Schaue dir deshalb noch
andere Internetseiten zu deinem Thema an.
Oder schlage in einem Buch nach.

Achtung!
- Gib niemals ohne Anwesenheit deiner Eltern deinen Namen oder
  deine Adresse auf einer Internetseite ein.
- Unterhalte dich nicht per E-Mail oder Chat mit fremden Menschen.
- Frage dich immer: Kannst du dieser Internetseite vertrauen?

➜ Seite 17, 69, 99, 105

Einen Versuch planen, durchführen und auswerten

1. Überlege, was du herausfinden möchtest. Formuliere eine Frage.

Welche Materialien schwimmen, welche sinken?

2. Vermute: Wie könnte das Ergebnis aussehen?

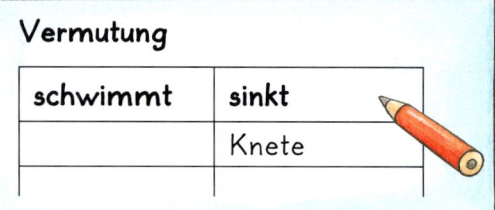

Vermutung	
schwimmt	sinkt
	Knete

3. Plane deinen Versuch:
- Welche Materialien benötigst du?
- In welcher Reihenfolge gehst du vor?

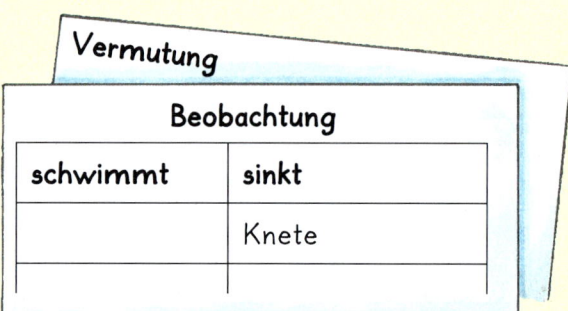

Zuerst ... Dann ...

Wir brauchen ...

sinkt

schwimmt

4. Führe den Versuch durch. Halte deine Beobachtung fest.

Vermutung

Beobachtung	
schwimmt	sinkt
	Knete

5. Überprüfe deine Vermutung.

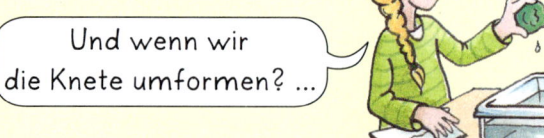

Und wenn wir die Knete umformen? ...

6. Vergleiche dein Ergebnis mit anderen Kindern. So kannst du deine Aussagen noch einmal überprüfen.

8

➔ Seite 50, 76, 77, 139

Informationen ordnen und aufbereiten

Einen Steckbrief erstellen

In einem Steckbrief kannst du das Wichtigste zu einem Thema übersichtlich für dich und auch für andere darstellen.

Du kannst zum Beispiel einen Steckbrief zu einem Tier erstellen:

1. Suche zuerst wichtige Informationen aus deinen Unterlagen zusammen.

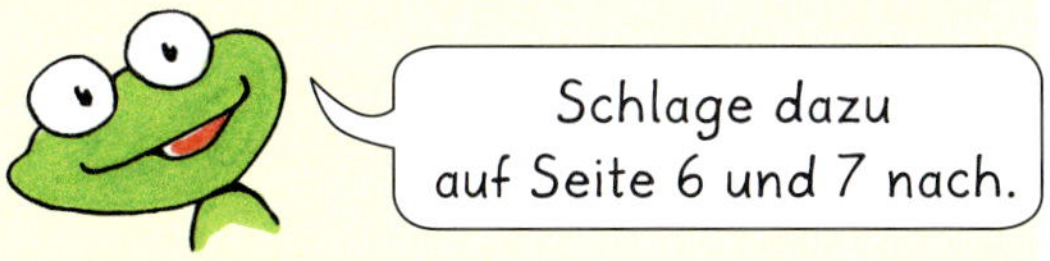

Schlage dazu auf Seite 6 und 7 nach.

2. Welche Inhalte sollten die anderen Kinder auf jeden Fall kennenlernen? Notiere mithilfe deiner Unterlagen Stichpunkte.

3. Finde treffende Oberbegriffe für deine zusammengetragenen Stichpunkte. Gestalte nun einen übersichtlichen Steckbrief.

Der Dreistachlige Stichling

Oberbegriffe

Aussehen:

- 5-8 cm lang, etwa 3 g schwer
- Körper gestreckt und seitlich abgeflacht
- drei bewegliche Stacheln auf dem Rücken
- Bauchflosse mit einem Stachel

kurze Stichpunkte

Lebensraum: im küstennahen Meer, in Flüssen und Seen

Lebensweise: bevorzugt pflanzenreiches Flachwasser

Nahrung: Würmer, Kleinkrebse, Insektenlarven, Fischlaich, ...

Fortpflanzung: Laichzeit von März bis Juli, ...

Feinde: ...

außergewöhnliche Kennzeichen

Besonderheiten: ...

→ Seite 45, 46, 47, 60

Ein Plakat gestalten

1. Was möchtest du den anderen Kindern vorstellen?
   Suche Informationen aus deinen Unterlagen heraus. Siehe dazu Seite 6 und 7.

2. Fertige zuerst eine Skizze an, bevor du beginnst.

Überschrift
Denke dir eine passende Überschrift aus.
Sie soll auffallen. Schreibe sie größer
als die Texte auf dem Plakat.

Bilder
Finde passende Bilder in Zeitschriften
oder im Internet. Du kannst auch selbst
zeichnen. Achte auf die Bildgröße und
die Genauigkeit. Klebe die Bilder auf.

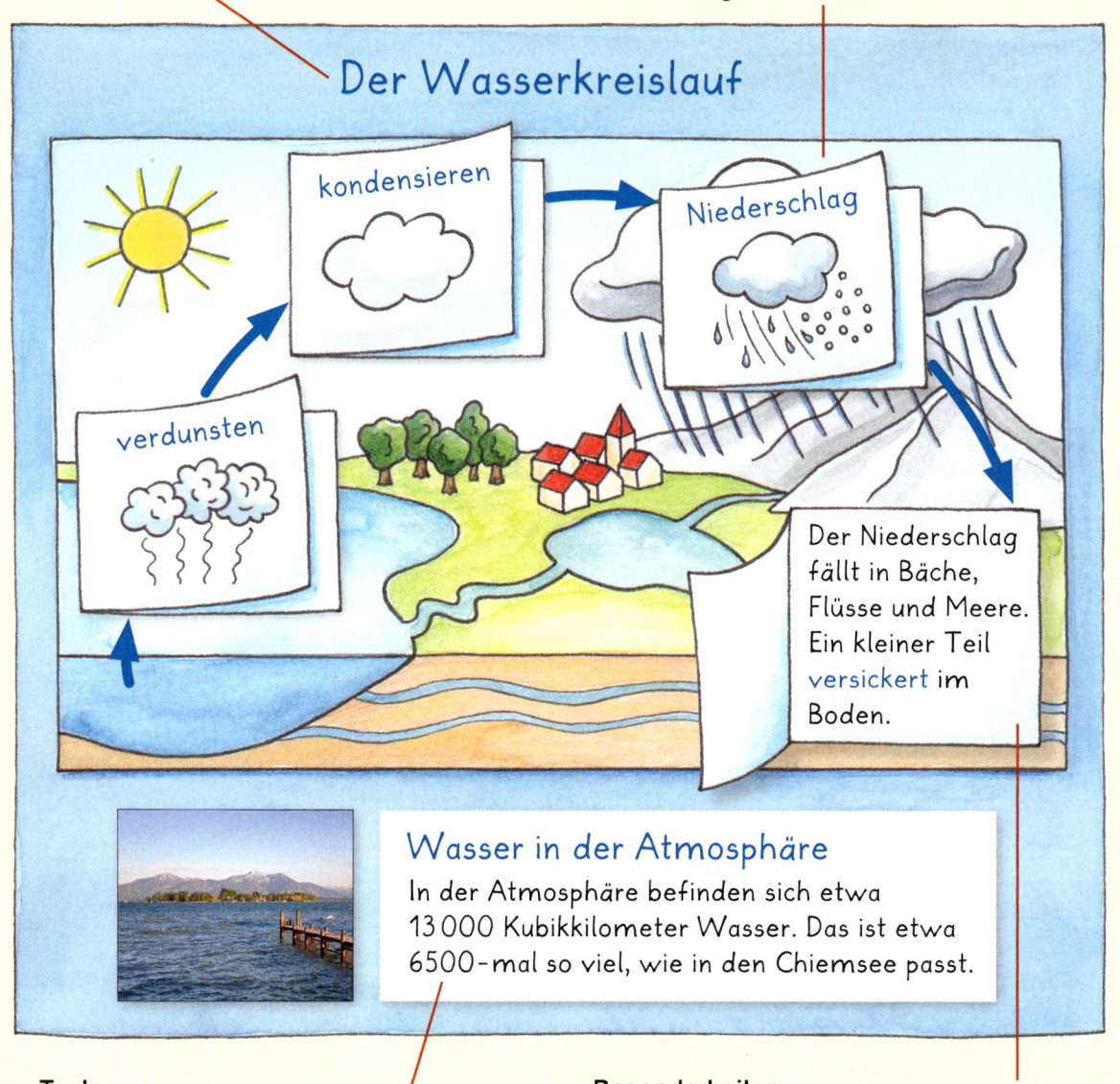

Der Wasserkreislauf

kondensieren

Niederschlag

verdunsten

Der Niederschlag
fällt in Bäche,
Flüsse und Meere.
Ein kleiner Teil
versickert im
Boden.

Wasser in der Atmosphäre
In der Atmosphäre befinden sich etwa
13 000 Kubikkilometer Wasser. Das ist etwa
6500-mal so viel, wie in den Chiemsee passt.

Texte
Schreibe groß und ordentlich. Nimm
dafür ein extra Papier. So kannst du
einen Text noch leicht verbessern.

Besonderheiten
Überrasche die anderen Kinder mit
einer ansprechenden Darstellungsform,
zum Beispiel einem Aufklappkärtchen.

3. Bestimmt fallen dir noch weitere Gestaltungsideen für dein Plakat ein.

→ Seite 45, 60, 67, 113

Präsentieren und darstellen

Einen Merkzettel für einen Vortrag erstellen

1. Stelle aus deinen Unterlagen die für dich wichtigsten Informationen zusammen.

Schlage dazu auf Seite 6 und 7 nach.

KINDER-Suchmaschine

Asyl | Suche

Neues Asylbewerberheim in Maibingen

Maibingen Das Asylbewerberheim am Rande von Maibingen wird voraussichtlich Ende des Monats eröffnet. Noch immer gibt es Diskussionen darüber, da ...

Informationen vom bayerischen Sozialministerium

Die Hauptherkunftsländer der Flüchtlinge im Jahr 2014:
Syrien: 5 624 Menschen
Eritrea: 2 557 Menschen

2. In welcher Reihenfolge möchtest du deine Informationen vortragen? Erstelle dir einen Merkzettel.

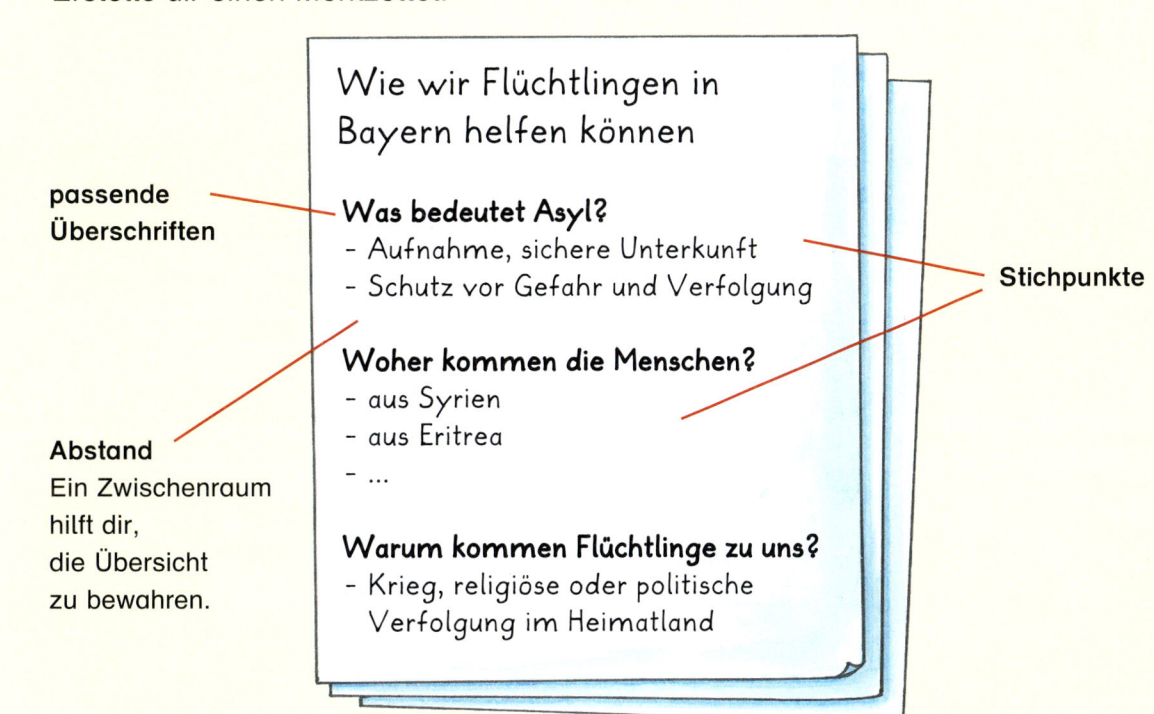

Wie wir Flüchtlingen in Bayern helfen können

passende Überschriften

Was bedeutet Asyl?
- Aufnahme, sichere Unterkunft
- Schutz vor Gefahr und Verfolgung

Stichpunkte

Woher kommen die Menschen?
- aus Syrien
- aus Eritrea
- ...

Abstand
Ein Zwischenraum hilft dir, die Übersicht zu bewahren.

Warum kommen Flüchtlinge zu uns?
- Krieg, religiöse oder politische Verfolgung im Heimatland

➜ Seite 27, 87, 105, 113

Einen Vortrag halten

1. Bereite dich auf
   deinen Vortrag vor.

Merkzettel erstellen ✔
geeignete Materialien auswählen ✔
freies Vortragen üben ✔

2. Nenne zu Beginn dein Thema.
   Stelle dann den Aufbau deines Vortrags vor.

Zuerst informiere ich euch zu ...
Dann erzähle ich etwas über ...
Am Ende meines Vortrags ...

3. Die Stichwörter auf deinem Merkzettel helfen dir bei deinem Vortrag.

Stelle dich aufrecht hin.
Schaue deine Zuhörer an.

Sprich laut, deutlich
und frei.

Beziehe die Materialien
in deinen Vortrag mit ein.

4. Gehe am Vortragsende auf Fragen ein.

Ich möchte
noch wissen, ob ...

Vielen Dank
fürs Zuhören.

➔ Seite 27, 87, 105, 113

Sachgespräche und Fachgespräche

Zuhören, reflektieren, argumentieren

→ Seite 18, 30, 57, 79

→ Seite 4, 5

Zusammenleben in der Gemeinde

Aufgaben der Gemeinde

Alle Kinder, Jugendlichen und Erwachsenen, die in Deutschland leben, gehören
zu einer Gemeinde. Man sagt auch Kommune. Das kann ein Dorf oder eine Stadt sein.
Jede Gemeinde erfüllt für ihre Einwohner eine Vielzahl an Aufgaben,
die einer allein nicht erledigen könnte.

1. Erkundige dich, welche besonderen Aufgaben und Ämter die Gemeinde
deines Dorfes oder deiner Stadt hat. Notiere, was du herausgefunden hast.

Fast jede Gemeinde in
Deutschland hat eine
eigene Homepage
im Internet.

Im Rathaus gibt es oft
Informationsmaterial
über die Arbeit deiner
Gemeinde.

Vielleicht könnt ihr ein
Gemeinderatsmitglied in
die Klasse einladen oder
euer Rathaus besuchen.

Für die Umsetzung all dieser Maßnahmen benötigt jede Gemeinde
ausreichend Geld. Dieses bekommt sie vor allem durch Abgaben,
Gebühren und Steuern.

→ Seite 6, 7

Welche Ämter hat eure Gemeinde?

Einwohnermeldeamt 0.01
Ordnungsamt 0.02
Kasse 0.05
Bürgermeister 1.01
Kämmerei 1.02
Fundamt 1.06
Standesamt 1.10
Bauamt 2.05

Jetzt muss ich schon wieder einen Kinderreisepass beantragen.

Die **Bürgermeisterin** ist die Chefin aller Mitarbeiter und Mitarbeiterinnen der Gemeindeverwaltung. Sie leitet die Ratssitzungen und empfängt Gäste der Gemeinde, zum Beispiel Politiker oder bekannte Persönlichkeiten. Sie wird von den Bürgern einer Gemeinde für sechs Jahre gewählt.

In der **Kämmerei** arbeitet der Finanzverwalter der Gemeinde. Er berechnet alle Ausgaben und Einnahmen, die in einem Jahr anfallen.

Im **Standesamt** werden Ehen geschlossen. Hier muss man auch Geburten und Todesfälle melden.

Beim **Einwohnermeldeamt und Passamt** meldet man sich nach einem Umzug ab und im neuen Wohnort wieder an. Auch Personalausweise und Reisepässe werden hier ausgestellt.

Im **Ausländeramt** melden sich ausländische Bürger an, wenn sie länger in Deutschland bleiben oder einen deutschen Pass beantragen möchten.

Das **Ordnungsamt** ist unter anderem zuständig für die Pflege der Grünanlagen, für Hundesteuer und Parkplatzgebühren.

Bei Angelegenheiten rund um das Bauen von Gebäuden wendet man sich zunächst an das **Bauamt.**

An der **Kasse** zahlt man die Gebühren für Ausweise und andere Dokumente.

Gefundene Gegenstände werden im **Fundamt** gelagert. Sie können dort von ihrem Eigentümer abgeholt werden.

Welche Ämter sind im Rathaus eurer Gemeinde untergebracht?

→ Seite 6, 7

Im Gemeinderat

Im Gemeinderat wird entschieden, welche Vorhaben geplant werden und welche Aufgaben der Gemeinde besonders zu berücksichtigen sind.

Viele Wünsche – Eine Lösung

Kinder, Lehrer und Eltern der Donau-Grundschule in Donauburg wünschen sich eine Neugestaltung ihres Schulhofes mit Rasenflächen und Spielgeräten. Die Anwohner des Neubaugebietes Am Weiher fordern für ihre Kinder den Bau eines Spielplatzes. Beide Anträge liegen dem Stadtrat von Donauburg in einer öffentlichen Ratssitzung vor.

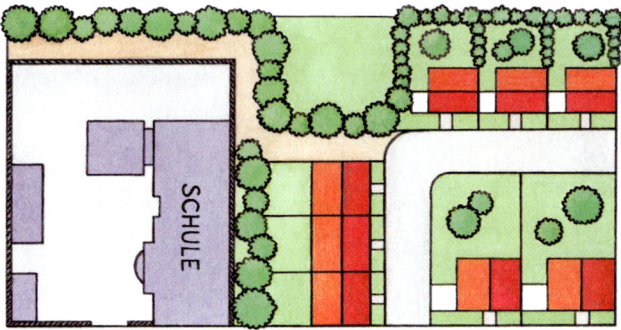

Ich habe mich über die Kosten der Baumaßnahmen gründlich informiert. Ein Spielplatz und noch dazu ein neuer Schulhof sind für unsere Gemeinde viel zu teuer. Beides zusammen geht nicht!

Wir von der Grundschule sind der Meinung, dass ein Pausenhof mit Spiel- und Bewegungsmöglichkeiten für die Gesundheit unserer Schulkinder wichtiger ist als der Spielplatz am Nachmittag.

Als Bürgermeisterin weise ich die Anwesenden darauf hin, dass wir uns als Gemeinderat entscheiden müssen. Wir können in diesem Jahr nur ein Bauvorhaben durchführen. Mehr Geldeinnahmen haben wir nicht.

Das sehen wir ganz anders! Auch unsere kleinen Kinder haben ein Recht auf Spiel und Bewegung. Wozu brauchen Schulkinder in den kurzen Pausen Spielgeräte?

Der Gemeinderat überlegt und diskutiert.
Am Ende findet ein Gemeinderatsmitglied eine Lösung, die mit einem Mehrheitsbeschluss von acht zu drei Stimmen angenommen wird.

1. Stelle dir vor, du nimmst an der Gemeinderatssitzung teil.
   Welche Lösungen für das Problem fallen dir ein? Begründe.

→ Seite 13

Wer entscheidet in einer Gemeinde?

Der Erste Bürgermeister/Die Erste Bürgermeisterin

- leitet die Verwaltung der Gemeinde,
- vertritt die Gemeinde nach außen,
- ist Vorsitzender/Vorsitzende des Gemeinderats und leitet die Gemeinderatssitzungen und
- übt das Amt meist hauptberuflich aus.

leitet ↓   ↑ **kontrolliert**

Der Gemeinderat

Der Gemeinderat vertritt die Anliegen der Einwohner einer Gemeinde. In den Ratssitzungen entscheiden nur die Gemeinderatsmitglieder über Anträge. Alle Einwohner, auch Kinder, dürfen an öffentlichen Sitzungen als Zuhörer teilnehmen. Sie haben aber meistens kein Rederecht und dürfen auch nicht abstimmen.

wählen für 6 Jahre

Die Mitglieder

... informieren sich

Was kostet die Umsetzung der geplanten Maßnahmen?
Können viele Einwohner die geplante Einrichtung nutzen?
Gibt es rechtliche Vorschriften?

... diskutieren

Welche Vorteile, welche Nachteile gibt es?

... entscheiden demokratisch

Nur der Gemeinderat und der Bürgermeister/
die Bürgermeisterin dürfen über Anträge
abstimmen. Die Mehrheit entscheidet dann.

wählen für 6 Jahre

Bürger stellen Anträge

Bürger können schriftliche Anträge an den Gemeinderat stellen, wenn sie möchten, dass sich in ihrer Gemeinde etwas ändert. Sie können auch ein Gemeinderatsmitglied bitten, für sie einen Antrag zu stellen.

Bürger

Alle Bürger einer bayerischen Gemeinde sind wahlberechtigt.
Bürger ist, wer

- die deutsche Staatsangehörigkeit oder die Staatsangehörigkeit eines anderen Mitgliedsstaates der Europäischen Union besitzt,
- das 18. Lebensjahr erreicht hat und
- seit mindestens zwei Monaten in der Gemeinde wohnt.

→ Seite 6

Entscheidet demokratisch!

Spielt eine Gemeinderatssitzung nach.
Achtet dabei auf den Ablauf.

Tagesordnung

• Begrüßung
• Überprüfung der Anwesenheit
• Vorstellung der Tagesordnung
• Diskussion vorliegender Anträge
• Anregungen von Bürgern
• Beschluss von Anträgen

1. Verteilt die Rollen in eurer Klasse:
   • eine Bürgermeisterin oder einen Bürgermeister
   • mehrere Mitglieder des Gemeinderats
   • Einwohner mit unterschiedlichen Interessen
   • einige interessierte Einwohner als Zuhörer
   • einen Schriftführer, der in Stichpunkten mitschreibt, was beschlossen wird

2. Erstellt passende Rollenkarten für die Teilnehmer an der Gemeinderatssitzung.

Rollenkarten für:

Lehrer und Schüler
• fordern eine Neugestaltung des Schulhofes
• ...

Gemeinderat 4, 5
• möchten lieber einen Spielplatz bauen
• ...

Bürgermeister
• vermittelt zwischen den streitenden Parteien
• ...

Ältere Leute
• möchten keinen Spielplatz wegen des Lärms
• ...

Gemeinderat 1, 2, 3
• befürworten einen neuen Schulhof mit Spielgeräten
• ...

Eine Familie
• wünscht sich einen Spielplatz im Neubaugebiet
• ...

3. Ihr könnt auch andere Anliegen finden. Schreibt auch dazu Rollenkarten.

4. Bei welchen Fragen oder Themen könnt ihr in der Schule demokratisch entscheiden?

Wo können Kinder mitentscheiden?

In einem **Klassenrat** diskutieren und entscheiden alle Kinder einer Klasse über selbst gewählte Themen. Der **Schülerrat** tagt einmal im Monat mit den Klassensprechern. Er vertritt die Interessen der Schüler.

Seit 2011 können Grundschüler aus allen Regierungsbezirken Bayerns an einem Tag im **Kinderparlament** des Landtags mit Abgeordneten diskutieren und ihre Anliegen äußern.

In der Spielstadt **Mini-München** können Kinder in den Sommerferien das Leben in einer Großstadt nachspielen: arbeiten, Geld verdienen, ein Haus bauen, Politik machen und vieles mehr.

AKTIV

→ Seite 13

Kinder haben Rechte. Auch du!

Alle Menschen auf der Welt besitzen von Geburt an die gleichen Rechte. Man nennt die Rechte **Menschenrechte**. Egal, ob jung oder alt, männlich oder weiblich, arm oder reich, egal, welche Hautfarbe und welche Religion: alle Menschen sind gleich viel wert und haben die gleichen Rechte zu leben.

Besonders wenn Kinder noch sehr jung sind, können sie nicht für sich selbst sprechen. Deswegen haben Erwachsene eine besondere Verantwortung, für die Rechte der Kinder zu sorgen. Am 20. November 1989 wurden die Kinderrechte in einem Vertrag, der sogenannten **UN-Kinderrechtskonvention** der Vereinten Nationen, festgelegt. UN ist die Abkürzung für „United Nations", auf Deutsch „Vereinte Nationen". Bisher haben 192 Staaten der Erde anerkannt, dass Kinder besonderen Schutz benötigen. Sie haben sich verpflichtet, dass sie die Kinderrechte im eigenen Land umsetzen und einhalten wollen. Gleichzeitig verpflichten sich die Länder, auch Kindern in anderen Ländern zu helfen, dass sie ihre Rechte erhalten.

Die Kinderrechte kurz gefasst

1. Alle Kinder haben die gleichen Rechte. Kein Kind darf benachteiligt werden.

2. Kinder haben das Recht, gesund zu leben, Geborgenheit zu finden und keine Not zu leiden.

3. Kinder haben das Recht, bei ihren Eltern zu leben und von ihren Eltern gut betreut zu werden.

4. Kinder haben das Recht, zu lernen und eine Ausbildung zu machen, die ihren Bedürfnissen und Fähigkeiten entspricht.

5. Kinder haben das Recht, zu spielen, sich zu erholen und künstlerisch tätig zu sein.

6. Kinder haben das Recht, bei allen Entscheidungen, die sie betreffen, informiert und gehört zu werden.

7. Kinder haben das Recht auf Schutz vor Gewalt, Missbrauch und Ausbeutung.

8. Kinder haben das Recht, dass ihr Privatleben und ihre Würde geachtet werden.

9. Kinder haben das Recht, im Krieg und auf der Flucht besonders geschützt zu werden.

10. Behinderte Kinder haben das Recht auf besondere Fürsorge und Förderung, damit sie aktiv am Leben teilnehmen können.

Diese Kinderrechte gelten für alle Kinder auf der ganzen Welt von ihrer Geburt bis zum 18. Lebensjahr – wenn sie in einem Land leben, das der UN-Kinderrechtskonvention zugestimmt hat. Auch Deutschland hat diesen Vertrag 1992 unterschrieben.

1. Warum sind die Kinderrechte wichtig? Begründe jedes Kinderrecht mit einem Beispiel.

 → Seite 6

Werden die Kinderrechte immer eingehalten?

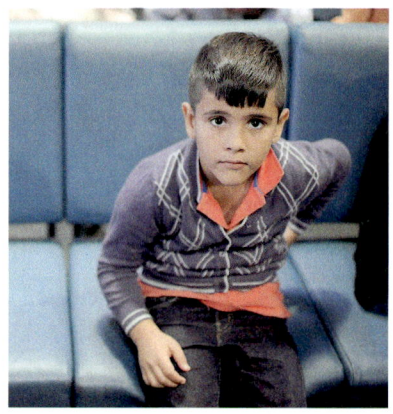

Balu aus Bangladesch lebt seit seinem elften Lebensjahr in einer fremden Familie, weil seine Eltern zu arm sind, um ihn zu ernähren. In diesem Haushalt muss er den ganzen Tag arbeiten: kochen, Wäsche waschen, putzen. Dafür bekommt er Essen und Kleidung. Für einen Schulbesuch bleibt keine Zeit mehr.

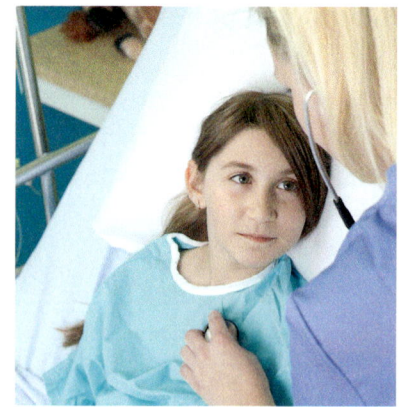

Salah, zehn Jahre alt, ist mit seiner Mutter und Schwester vor dem Krieg in seiner Heimat Syrien geflohen. Ihr Haus wurde in einer Nacht von Bomben zerstört.
Nun lebt Salah in einem Aufnahmelager für Flüchtlinge in Nürnberg. Seinen Vater und viele Verwandte musste er in Syrien zurücklassen.

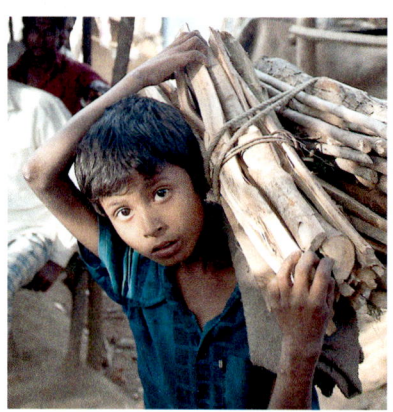

Die achtjährige **Melisa** aus Armenien wurde mit einem schweren Herzfehler geboren. Nur eine teure Operation konnte ihr Leben retten. So viel konnte ihre Familie nicht bezahlen. Eine Hilfsorganisation betreute Melisa. Sie wurde in einem Nürnberger Krankenhaus behandelt.
Nun lebt sie wieder zu Hause.

Organisationen, die Kindern helfen

Seit Langem kämpfen Menschen in Hilfsorganisationen dafür,
dass Kinderrechte auf der ganzen Welt eingehalten werden.
Mitarbeiter solcher Organisationen sammeln zum Beispiel Spenden,
betreuen Projekte, schicken Helfer und Material in Gebiete,
in denen Kinder besonders leiden. Viele Mitarbeiter helfen ehrenamtlich,
arbeiten also nicht für Geld.

1. Welche Rechte werden Salah, Balu und Melisa nicht gewährt?

2. Informiere dich genauer über ein Kinderhilfswerk.
   Wofür setzt sich die ausgewählte Organisation besonders ein?

→ Seite 6, 7

Auch bei uns befinden sich Kinder manchmal in sehr schwierigen Lebenslagen.

1. Diskutiert, ob und welche Kinderrechte bei den folgenden Beispielen verletzt werden.

Weihnachten ohne Geschenke

Mehr als 1,6 Millionen Kinder leben in Deutschland unter der Armutsgrenze

Viele Eltern haben gerade vor Weihnachten große Sorgen: Können wir unseren Kindern überhaupt etwas schenken? Denn jedes sechste Kind in Deutschland ist von Armut betroffen.

Straßenkinder in Deutschland

Sabrina ist 13 Jahre alt und ein Straßenkind. In Deutschland laufen jährlich rund 2 500 Kinder von zu Hause weg. Die meisten davon kehren nach kurzer Zeit wieder heim. Etwa 300 werden jedoch zu Straßenkindern. Sie sind meist vor Vernachlässigung oder Misshandlung geflohen und leben nun auf der Straße.

Eltern bekommen Hilfe

Eltern haben Anspruch auf Hilfe zur Erziehung durch das Jugendamt oder eine Erziehungsberatungsstelle, wenn das Wohl des Kindes oder Jugendlichen gefährdet ist. Im Jahr 2013 haben 520 000 junge Menschen in Deutschland diese Hilfe in Anspruch genommen.

Quelle: Statistisches Bundesamt

Gewalt gegen Kinder: noch immer ein Problem!

Die Deutsche Kinderhilfe spricht von dramatischen Zahlen: Obwohl die körperliche Züchtigung von Kindern in der Erziehung seit dem Jahr 2000 verboten ist, schaffe es nur ein Drittel aller Eltern, sich konsequent daran zu halten. Meist schlagen sie aus Überforderung zu.

Jeder 18. Jugendliche verlässt in Deutschland die Schule ohne Schulabschluss. Eine berufliche Zukunft bleibt damit ungewiss.

2. Welche weiteren Situationen fallen euch ein, in denen Kinderrechte verletzt werden? Diskutiert darüber.

3. Was könnt ihr beitragen, damit eure Rechte in der Schule und auf dem Pausenhof eingehalten werden? Haltet eure Ideen fest.

→ Seite 10, 13

Schulalltag in anderen Ländern

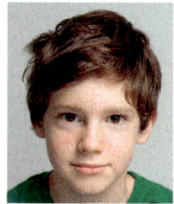

Danny, neun Jahre, besucht eine Primary School in einer Kleinstadt in **England**. In seiner Klasse sind 25 Kinder.

So sehen meine Schultage aus:
 7.30 Uhr: Aufstehen, Frühstück
 8.15 Uhr: Fahrt zur Schule
 8.45 Uhr: Schulversammlung
 9.00 Uhr: Unterricht
12.00 Uhr: Mittagspause (Mittagessen in der Schule)
13.00 Uhr: Unterricht und Arbeitsgemeinschaften
15.00 Uhr: Schulschluss
15.45 Uhr: zu Hause spielen, manchmal Hausaufgaben machen

Von meiner Mutter werde ich mit dem Auto zur Schule gebracht und nachmittags abgeholt.

Die Kinder werden mit fünf Jahren eingeschult.
Sie besuchen bis zum elften Lebensjahr die Grundschule (Primary School), danach meistens eine Gesamtschule. Es gibt kein Sitzenbleiben.
Die meisten Kinder tragen Schulkleidung.
Sie arbeiten häufig in Gruppen an kleinen Projekten.

Teresa, zehn Jahre, besucht eine Primaria in **Bolivien** auf dem Land. Mit ihr sitzen 45 Kinder in einem Klassenraum.

So sehen meine Schultage aus:
 6.00 Uhr: Aufstehen, Frühstück für die ganze
                Familie zubereiten
 7.00 Uhr: zu Fuß zur Schule gehen
 8.30 Uhr: Versammlung auf dem Schulhof, Nationalhymne singen
 8.45 Uhr: Unterricht
10.15 Uhr: Pause, Schulfrühstück
11.15 Uhr: Unterricht
13.00 Uhr: Schulschluss
14.00 Uhr: daheim im Haushalt arbeiten, Schafe hüten,
                nebenbei Hausaufgaben machen

Ich laufe mit meinem Bruder Marcelo ungefähr eine Stunde zu Fuß zur Schule und nachmittags den gleichen Weg zurück.

Es gibt eine achtjährige Schulpflicht. Viele arme Kinder gehen jedoch nie oder selten zur Schule, weil sie arbeiten müssen. Außerdem muss man Schulgeld bezahlen, Schulbücher und eine Schuluniform kaufen. Am Ende eines Schuljahres gibt es Prüfungen, damit man versetzt wird. Unterrichtet wird auf Spanisch und in einer Einheimischensprache. Die Schüler müssen viel abschreiben und auswendig lernen.

Japan

So sehen meine Schultage aus:
7.00 Uhr: Aufstehen, Frühstück
7.45 Uhr: Fahrt zur Schule
8.30 Uhr: Schulversammlung
9.00 Uhr: Unterricht
12.00 Uhr: Mittagspause mit Mittagessen in der Schule,
gemeinsames Putzen der Klassenräume und Toiletten
13.00 Uhr: Arbeitsgemeinschaften, zum Beispiel Sport, Schönschreiben,
Lernen in kleinen Gruppen
15.30 Uhr: Schulschluss
16.30 Uhr: daheim Hausaufgaben machen

Ich bin jeden Tag ungefähr 30 Minuten mit der U-Bahn unterwegs,
fünf Minuten dauert mein Fußweg zum Busbahnhof.

Takara, neun Jahre, besucht eine Grundschule in der Großstadt **Tokio**. In ihrer Klasse sind 34 Kinder.

Die Kinder werden im April mit sechs Jahren einge-schult und gehen dann sechs Jahre zur Grundschule, anschließend zur Mittelschule. Schon im Kindergarten lernen sie die ersten von insgesamt 2 000 japanischen Schriftzeichen. In der Grundschule sind Schuluniformen keine Pflicht, später schon. Es gibt kein Sitzenbleiben, aber strenge Aufnahmeprüfungen für die Mittelschule. Die Kinder arbeiten viel in Gruppen.

1. Wie sieht der Schultag bei dir aus?

2. Vergleiche die Tagesabläufe der Kinder mit deinem eigenen.

3. Wähle ein Kind aus und notiere in einer Tabelle die Unterschiede zu deinem Schulalltag.

Schulalltag von ...	Mein Schulalltag
... steht um .... Uhr auf.	Ich stehe um 6.45 Uhr auf.
Die Kinder tragen Schuluniformen.	Wir .....

4. Du kannst dich auch über weitere Schulen in anderen Ländern informieren.
Notiere deine Informationen in einer Tabelle.

Zu Schulen in Österreich, der Schweiz und in Südtirol kann ich im Internet leicht etwas finden.

Ich frage meine Tante aus Frankreich.

Also bei uns in der Türkei ...

→ Seite 6, 7

Religiöse Feiertage in der Welt

Jede Religion kennt Feiertage. Sie sind meistens mit besonderen Gottesdiensten verbunden und erinnern die Glaubensgemeinschaft an freudige oder traurige Ereignisse aus früheren Zeiten. Es gibt Geschichten, Lieder, Rituale, Bräuche und besondere Gerichte zu diesen Festen. In einigen Religionen hat der siebte Tag der Woche eine besondere Bedeutung.

Beispiel: Christentum

Für die Christen ist der Sonntag ein Tag, an dem man sich besonders mit seinem Glauben befassen soll, denn Jesus Christus ist nach biblischer Überlieferung an einem Sonntag auferstanden. Seit Kaiser Konstantin im Jahr 321 den Sonntag zum öffentlichen Ruhetag erklärt hat, sollen die Menschen in einem christlichen Land sonntags nicht arbeiten. Es gibt aber immer mehr Ausnahmen von dieser Regel.

Ich heiße Carolin und wohne mit meinen Eltern, Großeltern und Geschwistern in Kempten (Allgäu). Wir sind katholische Christen. Vor dem Essen sprechen wir ein Tischgebet. Sonntags gehen wir oft in die Kirche zur Heiligen Messe. Leider kann meine Mutter öfters nicht mitkommen, weil sie am Sonntagvormittag in der Bäckerei HUBER arbeiten muss. Nachmittags machen wir manchmal einen Ausflug oder wir bleiben zu Hause und spielen zusammen.

Beispiel: Islam

Im Islam ist der Freitag ein wichtiger Tag. Gläubige Muslime, die an den anderen Tagen der Woche zu Hause beten, gehen am Freitag zum gemeinschaftlichen Gebet in die Moschee. In einigen islamischen Ländern wird freitags nicht gearbeitet. Viele Läden haben aber geöffnet.

Ich heiße Kerim und lebe mit meiner Familie in Pakistan, in der Hauptstadt Islamabad. Jeden Freitag gehe ich mit meinem Vater in die Moschee. Dort ziehen wir unsere Schuhe aus und beten im Gebetsraum der Männer auf schönen Teppichen. Freitags muss mein Vater nicht arbeiten und wir Kinder haben schulfrei. Deshalb besuchen wir am Donnerstagabend oft unsere Verwandten.

Beispiel: Judentum

Der wichtigste Wochenfeiertag der Juden ist der Sabbat. Er erinnert an das Ruhen Gottes am siebten Tag der Schöpfungswoche. Der Sabbat dauert von Freitagabend bis Samstagabend. An diesem Tag dürfen gläubige Juden nicht arbeiten und nicht Auto fahren, außer ein Menschenleben ist in Gefahr. Auch das Entzünden eines Feuers und die Benutzung elektrischer Geräte sind verboten.

Ich heiße Rachel und wohne in Haifa (Israel). Am Freitagabend gibt es in meiner Familie ein besonders schönes Essen mit koscheren („reinen") Speisen. Wir essen kein Schweinefleisch und keine Milch- und Fleischprodukte zusammen. Mein Vater muss als Arzt im Krankenhaus auch am Sabbat oft arbeiten. Unsere strenggläubigen Nachbarn gehen am Freitagabend und am Samstag zum Gottesdienst in die Synagoge.

Feiertag oder kein Feiertag?

Meine Eltern und ich gehören keiner Religion an, aber der Sonntag ist uns wichtig! Wir unternehmen immer etwas gemeinsam.

Müssen denn die Fußballspiele der Kinder eigentlich immer am Sonntag stattfinden?

Anzeige
Ab sofort hat die Bäckerei HUBER in Kempten auch sonntags von 6.00 Uhr bis 11.00 Uhr geöffnet. Aushilfen gesucht!

1. Welche Religionen gibt es in eurer Klasse?

2. Was machst du an eurem Ruhetag? Was macht deine Familie?

3. Welche Gemeinsamkeiten und Unterschiede findest du bei Juden, Muslimen und Christen an ihrem freien Tag? Du kannst dazu eine Tabelle anlegen.

Judentum	Islam	Christentum
Samstag (Sabbat)	......	......
......	......	in die Kirche gehen

4. Erkundigt euch nach Bräuchen und Essensrezepten an Feiertagen in den unterschiedlichen Religionen. Notiert einige davon.

Für mich sind alle Tage gleich!

➜ Seite 6, 7, 11, 12

SUPERMARKT

Mmh ... riecht das hier wieder gut!

ZAHL 1 NIMM 2

Bananen 2,39

Bananen 1,79

5,99

3,49

1,29

KNUSPER MÜSLI
e500g
1,99

POPPI KNUSPERMÜSLI
e500g
3,49

49,99

64,95

4,99

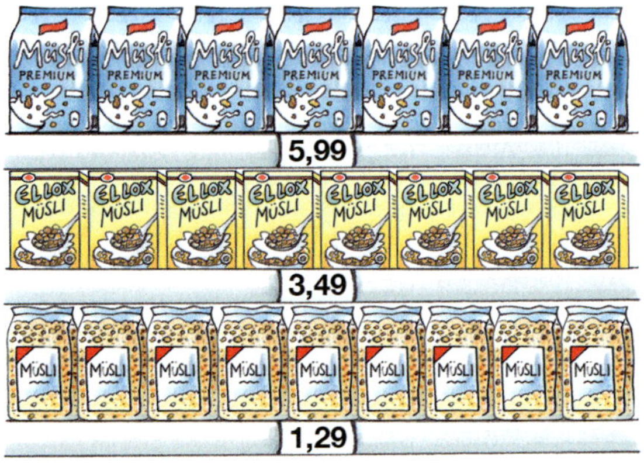

Jetzt muss ich noch mal durch den ganzen Supermarkt, um zur Kasse zu gelangen.

Paulis Pausensnack
Mit voller Power durchstarten

GUMMI FRÖSCHE 1-kg-Dose
3.49 €
100 g = 0.35 €

GUMMI FRÖSCHE 300-g-BT
0.89 €
100 g = 0.30 €

Wie konnte das nur passieren? ...

→ Seite 4, 5

Was spricht dich an?

1. Wie würdest du dich jeweils entscheiden? Diskutiert und begründet eure Meinungen.

2. „Qualität hat ihren Preis." – Was denkst du über diese Aussage?

→ Seite 13

Entscheide dich überlegt!

Vergleiche die Inhaltsangaben!

Nährwerte	pro 100 g	pro Becher
Energie	72 kcal	108 kcal
Fett	4 g	6 g
Kohlenhydrate	5 g	7,5 g
davon Zucker	5 g	7,5 g
Eiweiß	4 g	6 g

Nährwerte	pro 100 g	pro Becher
Energie	105 kcal	157,5 kcal
Fett	2 g	3 g
Kohlenhydrate	13 g	19,5 g
davon Zucker	13 g	19,5 g
Eiweiß	6 g	9 g
Ballaststoffe	0 g	0 g

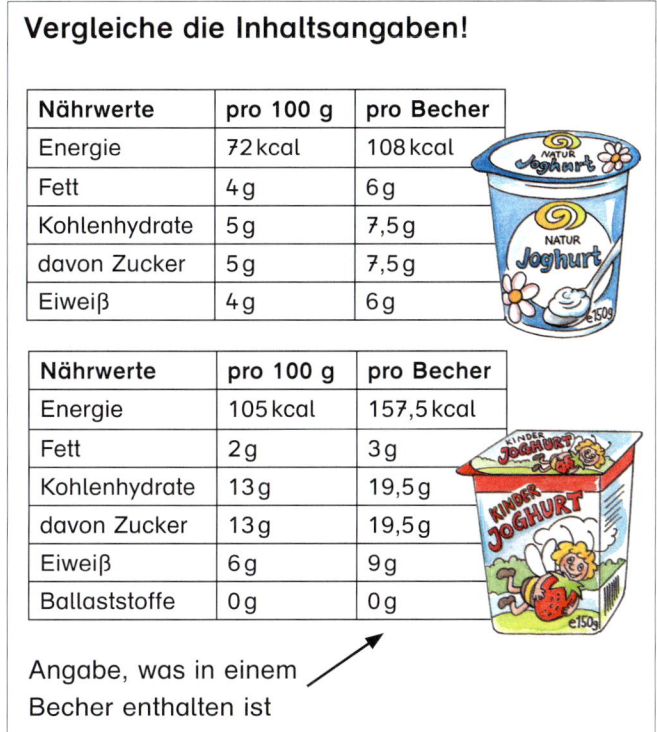

Angabe, was in einem Becher enthalten ist

Überprüfe Preis und Menge!

SCHOKO-LINSEN   200 g

0.99 €

100 g = 0.50 €

Angabe des Inhalts

umgerechneter Preis für 100 g

tatsächlicher Preis des Produkts

Achte auf Herkunft und Herstellung!

Sind die Gurken aus Bayern oder Deutschland? Wurden sie in Bayern, Deutschland oder im Ausland biologisch angebaut? Die Verpackung oder das dazugehörige Werbeschild können dir meist eine Antwort darauf geben.
Die Nachfrage nach Biolebensmitteln steigt ständig. Doch was heißt „Bio" und „Öko"? Beides sind geschützte Begriffe. Nur wenn auf der Verpackung zusätzlich das rechts abgebildete EU-Bio-Siegel zu finden ist, hat man die Garantie, dass das Produkt in einem Mitgliedsstaat der Europäischen Union ökologisch hergestellt wurde. Ökologisch heißt, dass zum Beispiel Obst und Gemüse ohne die Verwendung von chemischem Dünger und ohne Mittel zur Schädlingsvernichtung angebaut werden. Bei der Tierhaltung bedeutet ökologisch, dass auf eine artgerechte, kontrollierte Tierhaltung geachtet wird.

DE-ÖKO-###
Deutschland

Berücksichtige den „fairen Handel"!

Einige Produkte zeigen durch ein aufgedrucktes oder aufgeklebtes Zeichen, dass sie fair hergestellt und fair gehandelt wurden. Dies bedeutet, dass die Bauern und Arbeiter in Entwicklungsländern einen festen Lohn für ihre Arbeit bekommen. So können sie und ihre Familien besser leben. Kinderarbeit und Zwangsarbeit sind streng verboten. Auch müssen die Produkte umweltschonend, also ohne Chemikalien und Pflanzenschutzmittel, hergestellt werden. Fair gehandelte Bananen, Schokolade, Blumen und vieles mehr gibt es inzwischen in vielen Supermärkten.

➜ Seite 6

Tüte, Tasche oder Korb?

Weg mit den Plastiktüten!

Kaum zu glauben: Weltweit werden geschätzt 1 Billion (1 000 000 000 000) Plastiktüten pro Jahr verbraucht. Jeder Einwohner Deutschlands verbraucht im Jahr durchschnittlich 70 Plastiktüten. Erschreckend ist, dass neun von zehn Plastiktüten nicht recycelt werden können. Je nach verwendetem Kunststoff kann es 100 bis 500 Jahre dauern, bis die Plastiktüten vollständig zerfallen sind. Auch in den Meeren hält sich Plastikmüll sehr lange. Für die Tiere im Meer und an den Küsten ist das lebensgefährlich! Forscher fanden bei vielen toten Vögeln größere Mengen an Plastik im Magen.
Daher heißt es umdenken – und zwar sofort!

Quelle: Deutsche Umwelthilfe 2015

1. Wo begegnen dir im Alltag dünne Plastiktüten? Bekommst du sie ungefragt?

2. Wie könnt ihr Plastiktüten vermeiden? Besprecht geeignete Verpackungs- und Transportmöglichkeiten. Haltet eure Ergebnisse fest.

Ich brauche solche Taschen gar nicht. Ich bestelle nur im Internet.

?

32

→ Seite 13

Ohne Plastiktüte?

1. Versucht eine Woche lang, keine Plastiktüte in eurer Familie zu verwenden.
   Notiert, wie ihr die Waren verpackt und transportiert habt.
   Wertet eure Ergebnisse aus.

Produkt	genutzte Verpackung
Semmeln	Stoffbeutel
Bücher	...

Gestalte deine eigene Tasche!

1. Bringt nach Möglichkeit eigene Stofftaschen mit.
   Wenn ihr keine Werbung mögt, könnt ihr sie auch günstig kaufen und
   dann 100-fach verwenden.

2. Wofür möchtest du die Tasche nutzen? Überlege dir eine passende Gestaltung.
   Mache zuerst eine Skizze. Suche dir dann die passenden Materialien zusammen.

Ich mag das nicht, weil …

Ich fühle mich wohl, wenn …

Mir ist es lieber, wenn …

Das hast du gut gemacht!

→ Seite 4, 5

Stark sein!

Viele alltägliche Situationen können bei uns unterschiedliche Gefühle auslösen.

Wochenplaner von _Basti_	Montag	Di
Vormittag	– Lernzielkontrolle Mathe – Schwimmsachen!	
Nachmittag	– Musikschule – Geburtstag Oma	
Abend	Fußballtraining	

Mittwoch, der 20.4.

Heute habe ich wieder sehr viel erlebt.
Aber: MIR IST DAS ZU VIEL!

Und morgen ist wieder keine Zeit
zum Spielen ...

Liebe Kinder, liebe Eltern,

ab dem kommenden Schuljahr besteht für alle Kinder die Möglichkeit, im Anschluss an das Hockeytraining in den Gemeinschaftsduschen zu duschen. Deshalb bitte immer daran denken, ein Handtuch und frische Wechselkleidung mitzunehmen.

Eure Trainerin Judith,
euer Trainer Max

Mir ist das unangenehm, vor allem wenn die Trainer beim Duschen reinschauen.

Oh, das wird bestimmt lustig! Zuhause kann ich dann gleich essen und muss nicht mehr duschen.

Kennst du den Mann?

Auf das eigene Gefühl hören

Ich mag meinen Onkel wirklich sehr. Wenn er uns besuchen kommt, ist es immer sehr lustig. Er verbringt dann fast den ganzen Nachmittag mit meiner Schwester und mir. Ich habe auch schon viele Ausflüge mit ihm alleine gemacht. Toll ist, dass ich mit Onkel Achim über alles reden kann. Was ich aber überhaupt nicht mag, ist, dass er mir zur Begrüßung und zum Abschied immer einen Kuss gibt. Ich traue mich aber nicht, ihm das zu sagen. Meine Schwester stört dies gar nicht. Wie soll ich mich richtig verhalten?

Nelly, 12 Jahre

Antwort der Kids-Club-Redaktion
...

1. Wie fühlen sich die Kinder in den Situationen, die auf der linken Seite dargestellt sind? Sprecht darüber.

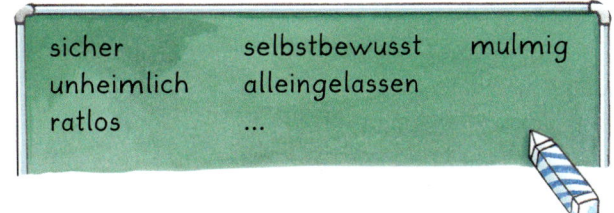

sicher   selbstbewusst   mulmig
unheimlich   alleingelassen
ratlos   ...

Was kannst du tun, wenn ...?

... du dich in einer Situation unwohl fühlst?

Zeige es mit deiner Körperhaltung.

Drücke es mit Sprache aus.

Ich mag das nicht!

... wenn das nicht ausreicht ...?

Stelle dich aufrecht und selbstbewusst vor die Person und sage:

Stopp!

Nein!

... wenn auch das nicht ausreicht ...?

Wende dich an eine Person, zu der du Vertrauen hast, zum Beispiel an einen bekannten Erwachsenen.

Mama, ich möchte dir etwas erzählen: Gestern hat ...

... im Notfall kannst du auch bei einem Sorgentelefon für Kinder anrufen.

Manchmal hat man niemanden, mit dem man über bestimmte Themen sprechen kann. Dafür gibt es aber Telefonnummern, bei denen Kinder anrufen können. Du musst beim Anruf deinen Namen nicht nennen. Auch die besprochenen Probleme werden an niemanden weitergegeben. Du kannst deine Lehrerin oder deinen Lehrer nach einer solchen Telefonnummer fragen.

... Möchtest du mir etwas erzählen?

...

2. Denkt über Situationen nach, in denen sich Kinder wie oben beschrieben verhalten können.

 → Seite 6

37

Pubertät

Dein Körper verändert sich

In den Jahren der Pubertät entwickelt sich das Kind zum Erwachsenen.
Ein Mädchen wird zur Frau, ein Junge wird zum Mann.
Der Körper verändert sich innerlich und äußerlich.
Bei jedem verläuft diese Entwicklungszeit und ihre Dauer etwas anders.

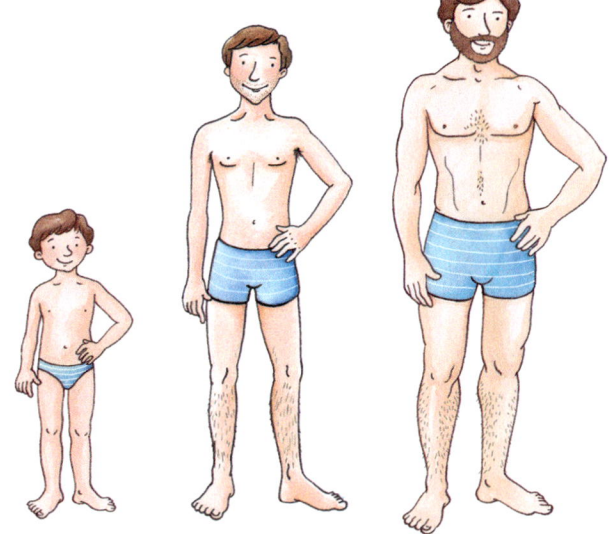

Bei Mädchen setzt die Pubertät etwa im Alter von 10 Jahren ein. Sie dauert ungefähr bis zum 17. Lebensjahr.

Bei Jungen setzt die Pubertät etwa im Alter von 10 Jahren ein. Sie dauert ungefähr bis zum 19. Lebensjahr.

In der Pubertät kommt es zu vermehrter Schweißbildung.
Es kann ein unangenehmer Körpergeruch entstehen.
Auch die Haut kann unreiner werden, es können sich Pickel bilden. Die Haare können schneller fettig werden.
Du musst nun mehr auf deine Körperhygiene achten.

→ Seite 6

Vieles verändert sich

In der Pubertät entwickelt sich nicht nur dein Körper. Auch deine Gefühle können sich von einer Minute auf die andere verändern. Viele Jugendliche sind manchmal in ihren Gefühlen hin- und hergerissen, sie haben Stimmungsschwankungen.

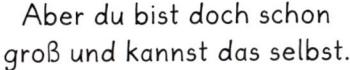

➔ Seite 6

39

Wichtig? Normal? Sinnvoll?

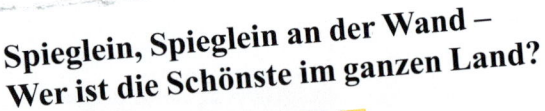

1. Wie sehen sich die Kinder in den einzelnen Situationen selbst?
   Wie urteilen die anderen über sie? Diskutiert.

2. Wann fühlt ihr euch stark und selbstbewusst? Wovon hängt das ab?

→ Seite 13

Freizeit und Erholung

1. Welche Freizeitmöglichkeiten in deiner Umgebung magst du besonders?
Berichte darüber. Sicher fallen dir ein schöner Tag oder ein schönes Erlebnis dazu ein.

Ich mache gerne Musik mit anderen Kindern, weil ...

2. Stellt einzeln oder in kleinen Gruppen Informationen zu einer Freizeitmöglichkeit
in der Umgebung zusammen.

Naturspielplatz in Maibingen

Ort:	Maibingen
Weg / Verkehrsmittel:	3 km mit dem Fahrrad
Öffnungszeiten:	das ganze Jahr, den ganzen Tag
Zeitaufwand:	ungefähr 3 h
Kosten:	keine
Begleitung:	Spaß macht es mit Freundinnen und Freunden. Ein Erwachsener sollte einen begleiten.
Sonstiges / Mein besonderer Tipp:	Am schönsten ist es im Frühling. Es gibt einen Platz für Lagerfeuer.

3. Stellt eure Vorschläge in einem Ordner zusammen.

4. Vermisst ihr ein Freizeitangebot in eurer Umgebung?
Was könnte der Grund sein, warum es dieses bei euch nicht gibt?
Könnte man dieses Freizeitangebot ermöglichen?

Freizeitführer
für
Maibingen

➜ Seite 6, 7

Lebensraum Gewässer

Ein Weiher ist ein natürliches Gewässer. Es wird von Tieren und Pflanzen bewohnt, die durch ihre Lebensweise und ihren Körperbau an die dortigen Lebensbedingungen angepasst sind.

Am und im Weiher wachsen **Pflanzen** an unterschiedlichen Standorten. Es gibt Pflanzen, die am Ufer wachsen und solche, die im flachen Wasser gedeihen. Sie vertragen die Nässe im Boden, können aber auch ein zeitweises Austrocknen der Erde aushalten.
Außerdem gibt es Pflanzen, deren Blätter auf der Wasseroberfläche schwimmen. Sie wurzeln im Schlammgrund des Weihers. Andere Pflanzen schwimmen frei im Wasser, auf dem Wasser oder wachsen ganz unter der Wasseroberfläche.

16. Stockente
17. Blesshuhn
18. Graureiher
19. Libelle
20. Hecht
21. Wasserspitzmaus
22. Rückenschwimmer
23. Gelbrandkäferlarve
24. Schlammschnecke
25. Posthornschnecke
26. Gelbrandkäfer
27. Teichfrosch
28. Wasserspinne
29. Kaulquappe
30. Stichling
31. Wasserläufer
32. Wasserfloh
33. Ringelnatter
34. Hüpferling
35. Erdkröte

Es gibt **Tiere**, die immer im Lebensraum Weiher leben. Andere kommen nur zur Nahrungssuche, zum Beispiel Vögel. Einige Tiere suchen den Weiher allein zur Fortpflanzung auf. Ihre Nachkommen wachsen in ihm auf.

Die **Tiere und Pflanzen** sind voneinander abhängig. Sie sind in Nahrungsketten und Nahrungsnetzen miteinander verbunden.

1. Raues Hornblatt
2. Wasserschwertlilie
3. Gelbe Teichrose
4. Weiße Seerose
5. Wasserhahnenfuß
6. Schilf
7. Knäuelbinse
8. Schwarzerle
9. Krauses Laichkraut
10. Sumpfdotterblume
11. Rohrkolben
12. Korbweide
13. Pfeilkraut
14. Wasserpest
15. Wasserlinse

→ Seite 4, 5

Pflanzen am und im Weiher

Die Pflanzen am und im Weiher sind an unterschiedliche Lebensbedingungen angepasst. Daher wachsen sie an unterschiedlichen Standorten. Diese unterscheiden sich in der Wassertiefe, den Lichtverhältnissen, der Temperatur und der Menge des im Wasser vorhandenen Sauerstoffs.

Die Pflanzen sind für die Wasserqualität sehr wichtig. Sie nehmen Nährstoffe aus dem Wasser auf und reinigen es dadurch. Sie geben Sauerstoff ab, den die Tiere zum Atmen brauchen. Außerdem bieten sie Versteck und Nahrung für viele Tierarten.

Die **Wasserlinse** schwimmt lose auf der Wasseroberfläche. Sie hat kleine Wurzeln. Die kleinen Pflänzchen können sich sehr schnell vermehren. Dann wachsen aus kleinen Pflanzenteilen neue Pflanzen.

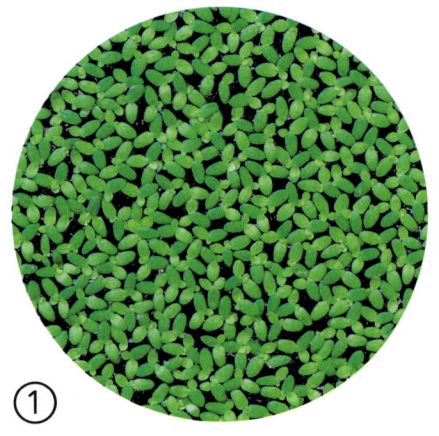

Die **Wasserpest** befindet sich vollständig unter Wasser. An ihren langen Stängeln befinden sich viele kleine Blättchen. Die Wurzeln sind im Boden verankert. Aus kleinen Pflanzenteilen können neue Pflanzen wachsen.
So kann sich die Pflanze rasch vermehren. Deswegen heißt sie auch „Wasserpest".

Die **Schwarzerle** steht am Ufer. Sie wächst im feuchten und moorigen Boden. Sie besitzt auch Wurzeln über der Erde, die wie Stelzen aussehen. Mit ihnen kann sie Sauerstoff aufnehmen und in die unterirdischen Wurzeln transportieren. So hält sie starke Nässe und auch Hochwasser aus. Außerdem dringen die Wurzeln tief in den Boden ein und geben dem Baum im feuchten und weichen Untergrund Halt.

④

Die **Weiße Seerose** lebt im Wasser.
Sie wurzelt im Schlamm am Grund des Weihers.
Ihre großen Blätter und weißen Blüten schwimmen
auf der Wasseroberfläche. Die Stängel der Seerose
werden meterlang, sind biegsam und besitzen
Luftkammern. Bei Hochwasser wachsen die Stängel
schnell nach und können so schwankende Wasser-
stände ausgleichen.

⑤

Der **Rohrkolben** wächst am Ufer und im
flachen Wasser. Er besitzt starke Wurzeln,
die ihm in der feuchten und weichen Erde
Halt geben. Auch die Blätter und Halme sind
sehr stabil, damit sie bei Wind keinen
Schaden nehmen. Seinen Namen hat er
aufgrund seiner kolbenförmigen Blütenstände.

1. In welcher Weise sind die Pflanzen an die unterschiedlichen
   Standorte am Weiher angepasst? Betrachte und vergleiche
   ihre Blätter, Stängel und Wurzeln.

2. Ordnet die Pflanzen dieser Seite richtig zu.

   | am Ufer | im flachen Wasser |

   | auf dem Wasser | unter Wasser |

   | im und auf dem Wasser |

3. Ihr könnt nun gemeinsam ein
   großes Teichplakat gestalten.
   Ordnet eure gezeichneten Pflanzen
   von Seite 43 darauf richtig zu.

Pflanzen im
und am Wasser

➔ Seite 6, 9, 10

Tiere am und im Weiher

Der Teichfrosch

Frösche verbringen, wie alle Amphibien, einen Teil ihres Lebens im Wasser, den anderen Teil an Land. Am Ende ihrer Entwicklung werden die Frösche Landtiere.

Im Februar oder März erwacht der Teichfrosch aus seiner Winterstarre. Er kehrt zu dem Weiher zurück, in dem er geboren wurde. Dort paaren sich die Männchen und die Weibchen.

Das Weibchen legt zwischen Mai und Juni Tausende von kleinen schwarzen Eiern in das Wasser ab. Die Hülle aus weicher Gallerte schützt das Ei.

Nach etwa zehn Tagen schlüpfen kleine Kaulquappen. Zu Beginn atmen sie noch durch Außenkiemen, später durch Innenkiemen. Sie haben einen Ruderschwanz und schwimmen selbstständig.

Nach etwa zwölf Wochen verschwindet der Schwanz und das Maul wird breiter. Die Kaulquappe hat sich zu einem Frosch entwickelt, der mit einer Lunge atmet. Im Sommer verlässt er das Wasser und lebt an Land.

Kurze Zeit später wachsen den Kaulquappen Vorderbeine und die Kiemen werden zu Lungen. Zum Luftholen schwimmen sie regelmäßig an die Oberfläche.

Nach ungefähr fünf Wochen wachsen den Kaulquappen Hinterbeine. Sie ernähren sich nicht mehr von Algen, sondern nun von Insekten, Pflanzen und toten Kaulquappen.

Wie atmen eigentlich Fische?

Der Teichfrosch ernährt sich von Insekten, wie Fliegen, Mücken und deren Larven. Zu seinen Feinden zählen Graureiher, Storch und Hecht.

1. Informiere dich, wie sich andere Amphibien entwickeln, zum Beispiel Feuersalamander, Teichmolche oder Erdkröten.

→ Seite 6, 7, 9, 10

Der Gelbrandkäfer

Der Gelbrandkäfer ist einer der größten heimischen Käferarten. Als Schwimmkäfer
ist er gut an das Leben in Bächen, Tümpeln, Teichen oder Weihern angepasst,
in denen viele Wasserpflanzen wachsen. Er kann auch sehr gut fliegen.
Gelbrandkäfer und seine Larven fressen Kaulquappen, Würmer, Fische, Molche und
Frösche, aber auch Aas. Hinter Wasserpflanzen gut versteckt lauern sie auf ihre Beute.
Eine einzige Gelbrandkäferlarve kann in der Zeit ihres Larvenstadiums bis zu
900 Kaulquappen fressen.
Zu seinen Feinden gehören größere Fische und Vögel, wie zum Beispiel der Graureiher.

Zum Luftholen schwimmt der Gelbrandkäfer an
die Oberfläche. Dort speichert er Luft in seinen
Atmungsorganen und unter den Deckflügeln.

Sein Körper ist stromlinienförmig und
abgeflacht. So kann der Käfer im Wasser
besser gleiten und schneller schwimmen.
Zudem ist der Körper mit einer dünnen
Ölschicht bedeckt, die das Wasser abstößt.
An seinen Hinterbeinen befinden sich lange
Borsten. Sie wirken beim Schwimmen wie
ein Paddel.

Insektenkörper:
- 🟡 Kopf
- 🔵 Brustteil
- 🟢 Hinterleib
- 🟠 6 Beine

1:1   1   2   3

Das Weibchen schlitzt das
Wasserpflanzenblatt auf. In
jeden dieser Schlitze legt
es gut geschützt ein Ei.

1:1   1   2   3

Die Larven werden bis zu acht
Zentimeter lang. Sie fressen schon
Kaulquappen und kleine Fische.

Die Verpuppung erfolgt
nach etwa ein bis drei
Monaten an Land.

1. Vergleiche die Entwicklung des Gelbrandkäfers mit der Entwicklung anderer Insekten,
   zum Beispiel Schmetterling, Biene, Libelle oder Hummel. Notiere deine Ergebnisse.

→ Seite 6, 7, 9

Die Stockente

Die Stockente lebt an vielen Teichen, Weihern, Seen, Bächen und Flüssen.
Sie gehört zu den Wasservögeln. Das Weibchen trägt ein unauffälliges, grau-braunes
Federkleid. So ist es in der Brutzeit vor Feinden gut getarnt.
Das Männchen, auch Erpel genannt, trägt im Sommer ein Ruhekleid. Es unterscheidet
sich dann fast nur durch seinen gelben Schnabel vom Weibchen. Vom Herbst bis in
den Mai hinein erkennt man den Erpel an seinem schillernden Prachtkleid.

Stockenten sind für das Leben an einem Gewässer sehr gut ausgestattet:
Sie haben ein dichtes Federkleid aus Deck- und Daunenfedern. Die Daunenfedern
sind locker angeordnet und halten die Stockenten warm. Die Deckfedern werden
mit dem Fett aus der Bürzeldrüse eingefettet, damit kein Wasser in das Gefieder
eindringen kann.
Die Körperform der Stockente ähnelt einem Kahn. So kann sie sich sicher und
schnell im Wasser bewegen. Zwischen ihren Zehen besitzt die Stockente
Schwimmhäute. Ihre Füße wirken dadurch wie Ruder und ermöglichen ihr,
schnell zu schwimmen. Auf dem Land kann sie dagegen nur langsam watscheln.

Die Paarungszeit der Stockente beginnt im Herbst.
Ab Februar wird dann das Nest in der Nähe eines
Gewässers auf dem Boden gebaut.
Zwischen März und Juni legt das Weibchen fünf bis zwölf
Eier, aus denen etwa vier Wochen später die Küken schlüpfen.
Die Küken sind Nestflüchter und verlassen schon am
ersten Tag ihr Nest. Sie werden ungefähr zwei Monate von
der Mutter geführt und können schon schwimmen.

Die Stockente gehört zu den Allesfressern, ernährt sich aber überwiegend von
pflanzlicher Nahrung. Mit ihrem Seihschnabel, der die Nahrungsteilchen wie in
einem Sieb festhält, sucht sie auf dem Grund nach Würmern, Schnecken,
Frosch- und Fischlaich sowie Pflanzenteilen. Man nennt dies „gründeln".
Zu den Feinden der Stockente gehören Füchse, Marder, Wiesel und
Greifvögel wie der Seeadler.

Warum habe
ich eigentlich
keine Federn?

1. Entenweibchen und Entenmännchen sehen in bestimmten
   Jahreszeiten unterschiedlich aus. Erkläre, warum.

48

→ Seite 6

Ein Gewässer erkunden

1. Beobachtet einen Weiher oder Teich fünf bis zehn Minuten lang ganz ruhig. Was seht ihr? Was hört ihr? Haltet eure Ergebnisse fest.

2. Untersucht die Kleintiere im und am Gewässer.

Ihr braucht:
- feinmaschige Kescher
- Schalen (z. B. leere Eisbehälter)
- Beobachtungsbecher (Joghurtbecher, Becherlupen)
- Lupen, Fotoapparate, Pinzetten, Pipetten oder Löffel, Haarpinsel
- Bestimmungsbücher, Bestimmungskarten

> Ihr seid Gäste am Gewässer. Achtet darauf, dass ihr alles so unversehrt zurücklasst, wie ihr es vorfindet. Erkundet ein Gewässer nur in Begleitung von Erwachsenen!

Schalen mit Wasser aus dem Gewässer füllen und sie im Schatten bereitstellen

Kleintiere vorsichtig aus dem Gewässer fischen

den Fang in die bereitgestellten Schalen leeren

alle Tiere und Pflanzen wieder vorsichtig in das Gewässer zurücksetzen

Tiere mithilfe von Nachschlagewerken bestimmen

Tiere beobachten und genau zeichnen

gefangene Tiere getrennt voneinander in Becher setzen

AKTIV

→ Seite 6

Tiere im und am Wasser – angepasst und abhängig

1. Warum fetten Wasservögel ihre Deckfedern ein? Führe einen Versuch dazu durch.

① Tauche die Deckfeder eines Wasservogels in ein Gefäß mit Wasser. Was kannst du beobachten?

② Tauche die Feder nun in ein Gefäß mit Wasser und Spülmittel. Welche Veränderungen kannst du beobachten?

③ Tauche die Feder erneut in das Gefäß mit Wasser. Was beobachtest du nun?

Finde eine Erklärung für deine Beobachtungen.

2. Welche Folgen hat es, wenn ein Gewässer mit fettlösenden Stoffen verunreinigt wird?

3. Ordnet die Tiere und Pflanzen eines Weihers so, dass Nahrungsketten entstehen. Versucht, die Nahrungsketten zu einem Nahrungsnetz zu verknüpfen.

4. Nehmt aus eurem Nahrungsnetz einzelne Tiere oder Pflanzen heraus. Welche Folgen hat dies für die Lebensgemeinschaft Weiher?

5. Sucht für eure Tierzeichnungen von Seite 43 passende Stellen auf dem Teichplakat. Ihr könnt darauf auch noch ein Nahrungsnetz mit Wollfäden darstellen.

→ Seite 8, 10

Ein Lebensraum für alle Tiere und Pflanzen?

1. Woran erkennst du, dass diese Tiere an den Lebensraum Gewässer angepasst sind?
   Berücksichtige dabei zum Beispiel:
   Nahrung, Schutz und Tarnung, Nestbau, Fortbewegung, Fortpflanzung, Atmung,
   typische Verhaltensweisen, Körperbau.

Blesshuhn

Fischreiher

Wasserläufer

Schilfrohrsänger

Biber

Stichling

Molch

Schwimmkäfer

2. Vergleiche die Lebewesen im und am Gewässer mit den Pflanzen und Tieren
   in anderen Lebensräumen. Beachte den Körperbau der Tiere und den Pflanzenaufbau.

3. Welche Erfindungen verschaffen uns Menschen ähnliche
   Möglichkeiten wie manchen Tieren und Pflanzen?

4. Geht zu einem nahe gelegenen Weiher.
   Vergleicht die dortige Uferregion mit einer Wiese.
   Welche Unterschiede könnt ihr bei der Temperatur,
   bei der Helligkeit und der Feuchtigkeit feststellen?
   Protokolliert eure Ergebnisse.

→ Seite 13

Menschen und Gewässer

Gewässer können dem Menschen auf unterschiedliche Weise nutzen.

Die grünen Pflanzen produzieren Sauerstoff.

1. Welche Bedeutung haben Gewässer für dich?
   Auf welche Weise nutzt du sie? Berichte.

Der Mensch greift in vielfältiger Weise in den Lebensraum Gewässer ein.
Daher ist es wichtig, Gewässer und die dort lebenden Tiere und Pflanzen zu schützen.

Wir brauchen strengere Regelungen!

Nach dem Fischsterben fordert der Naturschutzbund eine strengere Überwachung der gesetzlichen Vorschriften zur Wasserreinhaltung.

Fischfang
Müllentrümpelung
Bepflanzung
Schiffsunglücke
Badeverbote
Errichtung von Krötenzäunen
Wasserverschmutzung

2. Wie bewertest du die hier dargestellten Eingriffe? Nutzen oder schaden sie? Begründe. Denke dabei an die Folgen für den Menschen, die Tiere und die Pflanzen im Gewässer.

3. Mit welchen Maßnahmen können Gewässer geschützt werden? Dokumentiert es.

→ Seite 10, 13

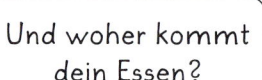
Und woher kommt dein Essen?

Obst und Gemüse werden angebaut. Und Tiere?

Obst und Gemüse aus aller Welt

1. Besucht einen Supermarkt oder
   einen Wochenmarkt.
   Welches Obst und Gemüse entdeckt ihr dort?
   Aus welchem Herkunftsland stammt es?
   Haltet es in einer Tabelle fest.

Obst/ Gemüse	Herkunftsland
Mango	

2. Nehmt eine große Weltkarte als Grundlage. Das kann ein Poster sein
   oder eine Kopie davon.
   Schneidet aus Einkaufsprospekten Obst- und Gemüsebilder aus oder zeichnet sie.
   Befestigt sie auf eurer Weltkarte auf dem Land, aus dem sie kommen.
   Zieht nun mit Fäden Verbindungslinien vom Herkunftsland zu Bayern.

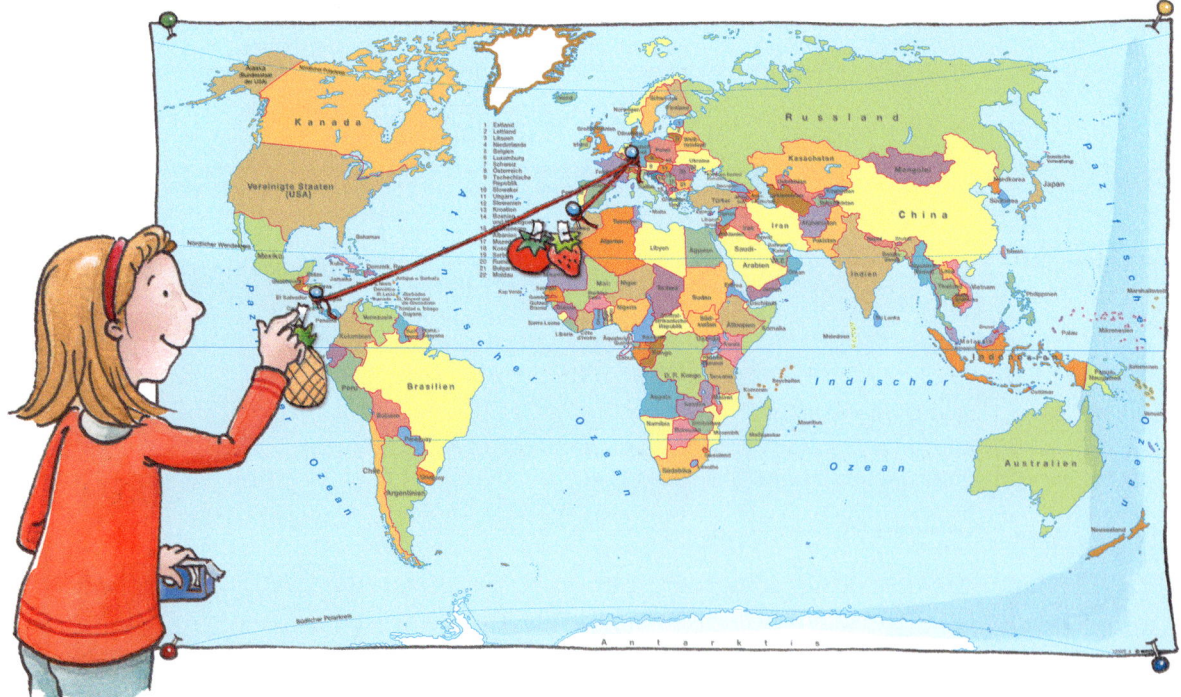

3. Welche der Obst- und Gemüsesorten wurden in Bayern angebaut?
   Zeichne einen Marktstand mit heimischem Obst und Gemüse aus Bayern.

→ Seite 6, 7

Viele Transportwege führen in den Supermarkt

Alle Lebensmittel, die aus der näheren Umgebung kommen, bezeichnet man als regionale Lebensmittel. Überregionale Produkte kommen dagegen aus anderen Bundesländern. Bei uns werden zudem auch Lebensmittel aus dem Ausland verkauft.

Tomaten können in Deutschland von Juni bis Oktober geerntet werden.
Wir essen sie aber das ganze Jahr.
Wie kann das sein?

	Vorteil	Nachteil
Tomaten werden aus dem Ausland eingeführt.	• sind frisch • schmecken meist gut	• benötigen lange Transportwege (Flugzeug, Schiff, …), was teuer ist und die Umwelt belastet
Tomaten werden im Winter in Gewächshäusern gezogen.	• sind frisch • schmecken?	• Gewächshäuser müssen beheizt werden, was teuer ist und die Umwelt belastet.
Tomaten werden eingekocht angeboten (Dosen, Tetra Pak).	• werden reif verarbeitet • sind lange haltbar • sind günstig im Einkauf	• sind nicht frisch • sind nur zum Kochen geeignet
Tomaten werden getrocknet.	• werden reif verarbeitet • sind lange haltbar • sind günstig im Einkauf	• sind nicht frisch • sind nur für bestimmte Gerichte geeignet

Auch viele andere Obst- und Gemüsesorten sind das ganze Jahr erhältlich.

1. Wählt verschiedene Obst- und Gemüsesorten aus (zum Beispiel Erdbeeren oder Äpfel), die ihr gerne das ganze Jahr über essen wollt. Legt hierzu eine Tabelle wie oben an.

2. Was wäre, wenn du bei uns nur Obst und Gemüse aus der Region kaufen könntest?
   Worauf müsstest du ganz verzichten?
   Was wäre nur zu bestimmten Jahreszeiten erhältlich?

3. Diskutiert die Meinungen der drei Kinder.

Ich liebe Erdbeeren und esse sie auch im Winter. Egal, woher sie kommen.

Wir kaufen nur deutsche Erdbeeren.

Ich esse Erdbeeren nur, wenn ich sie selbst vom Feld pflücken kann.

→ Seite 13

Ei ist nicht gleich Ei

Verbrauch von Eiern

Eine Henne legt im Jahr etwa 280 bis 290 Eier.
Jeder Einwohner Deutschlands verbrauchte
im Jahr 2014 im Durchschnitt 231 Eier.

Welche Gerichte werden mit Eiern hergestellt?

Kennzeichnung von Eiern

Eier gibt es in den Größen S, M, L und XL. Ihre Größe und die Haltungsform
der Hennen bestimmen den Preis. Der Stempel auf dem Ei verrät uns seine Herkunft.

Haltungsform:
0 = ökologische Erzeugung
1 = Freilandhaltung
2 = Bodenhaltung
3 = Kleingruppenhaltung
    (Deutschland),
    ausgestalteter Käfig
    (übrige EU)

0-DE-1383331

Bundesland
Legebetrieb
Stallnummer

Herkunftsland
DE = Deutschland
AT = Österreich
BE = Belgien
NL = Niederlande

Haltungsformen von Legehennen

In Deutschland sind vier Haltungsformen für Legehennen zugelassen: die Kleingruppenhaltung, die Bodenhaltung, die Freilandhaltung und die ökologische Erzeugung.

Bei der Kleingruppenhaltung werden
20 bis 60 Hennen in einem Käfig
gehalten. Bis zu zwölf Hennen teilen
sich einen Quadratmeter (= Quadrat mit
der Seitenlänge ein Meter). In jedem
Käfig befinden sich Sitzstangen, ein
abgedunkeltes Nest zur Eiablage und
Einstreuflächen zum Scharren und
Picken. Der Boden ist leicht geneigt,
sodass die Eier herabrollen können,
ohne groß zu verschmutzen. Das Infek-
tionsrisiko ist sehr gering, da der Kot
durch den Gitterboden fallen kann.

Bei der Bodenhaltung leben die Hennen in einem geschlossenen Stall, ohne Auslaufmöglichkeit ins Freie. Auf einem Quadratmeter können sich etwa neun Hühner auf mehreren Ebenen frei bewegen. Neben Futterplätzen bietet der Stall auch Sitzstangen und abgedunkelte Legenester. Ein Teil des Stalles muss mit Einstreu zum Scharren ausgelegt sein. In modernen Betrieben werden die Eier über ein Förderband eingesammelt, in kleineren dagegen noch von Hand. Der Betreuungsaufwand, die Käfigreinigung sowie das Übertragungsrisiko für Krankheiten sind höher als bei der Kleingruppenhaltung.

Die Freilandhaltung ist durch einen Auslauf der Hühner ins Freie erweitert. Dort stehen jeder Henne vier Quadratmeter Fläche zur Verfügung. Im Freien können die Tiere ungehindert rennen, flattern und im Sand baden. Im Stall gelten die gleichen Haltungsbedingungen wie bei der Bodenhaltung. Eine erhöhte Infektionsgefahr besteht durch Krankheitskeime in nassen Außenflächen sowie durch die extremen Temperaturunterschiede. Die zusätzliche Auslauffläche führt zu einem höheren Eierverkaufspreis.

Bei der ökologischen Erzeugung gelten ähnliche Bedingungen wie bei der Freilandhaltung. Der zur Verfügung stehende Platz ist der gleiche. Das Futter darf dagegen nur aus biologischem Anbau verwendet werden. Daher sind Bio-Eier auch teurer als andere Eier. Im Krankheitsfall werden die Hennen bevorzugt mit Naturheilmitteln behandelt.

1. Erstelle aus den Textinformationen eine Tabelle.

Haltungsform	Platz im Stall	Auslaufmöglichkeit	Preis im Vergleich
ökologische Erzeugung (Bio-Eier)	9 Hühner pro Quadratmeter		am teuersten

2. Betrachte deine Tabelle: Welche Vor- und Nachteile erkennst du für die jeweiligen Haltungsformen?

➜ Seite 6, 13

Vom Korn zum Brot

Verschiedene Getreide

Weizen   Roggen   Gerste   Hafer   Mais   Dinkel

Getreidepflanzen gehören zur Familie der Süßgräser. Die nahrhaften Körner der Pflanze sind weltweit die Hauptnahrungsquelle für Menschen und Tiere. Die heutigen Getreidesorten wurden über viele tausend Jahre gezüchtet. Zu den Urformen gehören Kamut, Emmer und Dinkel. In Deutschland werden heute hauptsächlich Weizen, Roggen, Gerste, Hafer und Mais angebaut.

Ein Getreidekorn besitzt viele wichtige Inhaltsstoffe:
Jedes Getreidekorn enthält vor allem Kohlenhydrate, Eiweiß, Mineralstoffe und Vitamine. Diese Stoffe sind lebenswichtig. Sie können vom Körper nicht oder nicht ausreichend selbst hergestellt werden. In der Schale sind viele Ballaststoffe enthalten, die für die Verdauung bedeutsam sind.

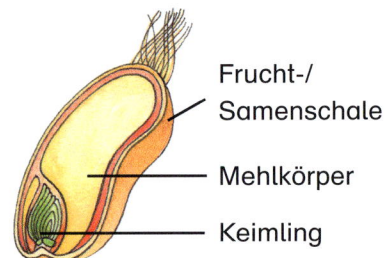

Frucht-/ Samenschale

Mehlkörper

Keimling

Aus Getreidekörnern wird Mehl gemahlen:
Bei der Herstellung von Vollkornmehl wird das ganze Getreidekorn vermahlen. Es ist gesünder als Weißmehl, da alle Inhaltsstoffe beim Mahlen erhalten bleiben. Dagegen werden bei Weißmehlen (Auszugsmehlen) die Randschichten und der Keimling des Korns teilweise oder ganz entfernt.

Auszugsmehl

1. Geht zu einem nahe gelegenen Getreidefeld. Welches Getreide wird dort angebaut? Vergleicht mit den Abbildungen auf dieser Seite.

2. Erstelle eine Liste von Lebensmitteln, die aus Getreide hergestellt werden.

3. Informiert euch, wofür die einzelnen Getreidesorten verwendet werden. Legt eine Übersicht dazu an.

➜ Seite 6, 7, 9, 10

Getreideanbau und Getreideernte

Im Herbst wird der Acker mit Mist gedüngt und gepflügt. Dabei wird die Erde auf dem Feld mit einem Pflug gelockert und gewendet.

Beim Pflügen entstehen große Erdschollen. Diese werden mit einer Egge zerkleinert. Der Boden wird dadurch gelockert und ist für die Saat vorbereitet. Es entsteht ein Saatbett.

Die Sämaschine verteilt die Weizensamen gleichmäßig im Saatbett. Beim Winterweizen wird im Herbst gesät, beim Sommerweizen im Frühjahr.

Die Weizenkörner keimen, es wachsen daraus viele kleine Weizenpflänzchen. Sie werden größer, es bilden sich Blüten-, Fruchtstände und Ähren.

Sind die Körner reif, schneidet der Mähdrescher die Halme ab, drischt die Körner aus den Ähren und sammelt sie in einem großen Behälter ein. Die Ernte wird mit einem Lastwagen zu einer Mühle gebracht.

➜ Seite 6

Beim Müller

Die Getreidekörner werden in einer Mühle gereinigt, zerkleinert und gesiebt.
Die Typenzahl bei Weizen-, Roggen- oder Dinkelmehl (von 405 bis 1800) gibt an, wie viele Mineralstoffe das Mehl enthält. Je höher die Typenzahl, desto höher ist der Mineralstoffgehalt im Mehl.
Die Getreidekörner werden mit modernen Walzenstühlen elektrisch gemahlen.
In älteren Mühlen wird noch Wasser- und Windkraft genutzt.

Das gemahlene Mehl wird in Säcken oder im Silowagen zur Bäckerei geliefert.

Beim Bäcker

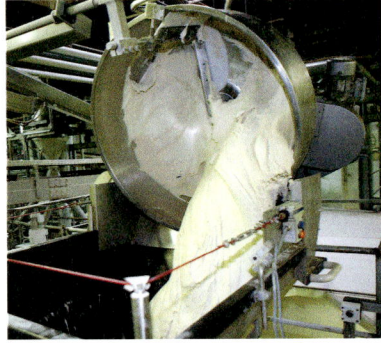  

Das Mehl wird mit anderen Zutaten, wie Wasser, Salz, Hefe und Gewürzen, in einer Knetmaschine zu Brotteig verarbeitet. Anschließend wird durch Kneten oder Pressen die Luft aus dem Teig entfernt, damit keine Löcher im Brot entstehen. Der Teig wird portionsweise in Formen gefüllt. Dies geschieht meist mithilfe einer Maschine. Nun gärt („geht") der Teig in einem Wärmeschrank („Gärschrank"). Das bewirkt, dass der Teig sich ausdehnt.
In einem Ofen werden die Brote gebacken.
Zwischendurch werden sie mit Wasserdampf besprüht, damit sie nicht austrocknen.

In einer Kleinbäckerei werden die fertigen Brote im eigenen Laden verkauft.
Brote aus einer Großbäckerei werden in Lastwagen zu den Verkaufsfilialen gefahren.

1. Vielleicht könnt ihr eine Mühle besuchen oder einem Bäcker bei der Arbeit zuschauen. Notiert eure Fragen, die ihr dort stellen könnt.

→ Seite 6

Vollkornsemmeln backen

1. Für etwa 10 Semmeln braucht ihr:

- 250 g Roggenvollkornmehl
- 250 g Weizenmehl
- 1 Päckchen Trockenhefe
- 2 gestrichene Teelöffel Salz
- 1 Esslöffel Öl
- 200 ml lauwarmes Wasser

- 175 ml Buttermilch
- 1 Eigelb zum Bestreichen
- eine Rührschüssel mit Rührlöffel
- einen Handmixer mit Knethaken
- etwas Weizenmehl zum Bestäuben
- ein feuerfestes Schälchen mit Wasser

① Mehl, Hefe und Salz mit dem Rührlöffel in der Rührschüssel vermengen. Lauwarmes Wasser, Buttermilch und Öl langsam hinzufügen und mit dem Knethaken etwa fünf Minuten lang zu einem Teig verarbeiten.

② Die Schüssel mit einem sauberen Tuch bedecken und an einem warmen Ort etwa eine Stunde lang „gehen" lassen. Der Teig muss sich nach der Ruhezeit deutlich vergrößert haben.

③ Den Teig mit Mehl bestäuben und von Hand kräftig durchkneten. Eventuell noch etwas Mehl dazugeben. Der fertige Teig darf nicht mehr kleben, er darf aber auch nicht zu trocken sein. Den Teig zu Semmeln formen.

④ Den Backofen auf 190° C Umluft vorheizen. Die Semmeln mit Eigelb bestreichen. Auf den Boden des Backofens eine feuerfeste Schale mit Wasser stellen, damit die Semmeln nicht zu hart werden. Etwa 25 Minuten bei 190 °C Umluft backen.

2. Schaut euch im Supermarkt die Zutatenliste abgepackter Brote an. Aus welchen Getreidemehlen wurden sie hergestellt? Warum findet man auf den Zutatenlisten so viele andere Bestandteile?

→ Seite 6

AKTIV

Rund ums Wasser

So viel Wasser wird in etwa zur Herstellung gebraucht	
1 T-Shirt	3000 l
1 Jeans	6000 l
1 kg Rindfleisch	15000 l

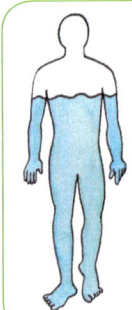

Menschen bestehen zu etwa 2/3 aus Wasser.

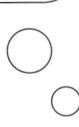

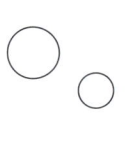

etwa 30 l

etwa 120 l

Mehr als 800 Millionen Menschen haben keinen Zugang zu sauberem Trinkwasser.

Wasser auf der Erde
Etwa 2/3 der Erdoberfläche ist mit Wasser bedeckt.

- Salzwasser
- Süßwasser in Eis und Schnee
- verfügbares Süßwasser

So viel Wasser – überall ...

Und nach dem Regen?

Wasser-Schutzgebiet

→ Seite 4, 5

Der natürliche Wasserkreislauf

Wasser ist die Lebensgrundlage für Menschen, Tiere und Pflanzen. Ohne Wasser wäre kein Leben möglich. Die Wassermenge auf der Erde bleibt nahezu immer gleich. Dabei kann das Wasser in flüssiger, gasförmiger oder fester Form vorkommen. Ein Teil des Wassers befindet sich in einem ständigen Kreislauf. Dieser wird hauptsächlich durch die Sonneneinstrahlung in Bewegung gehalten.

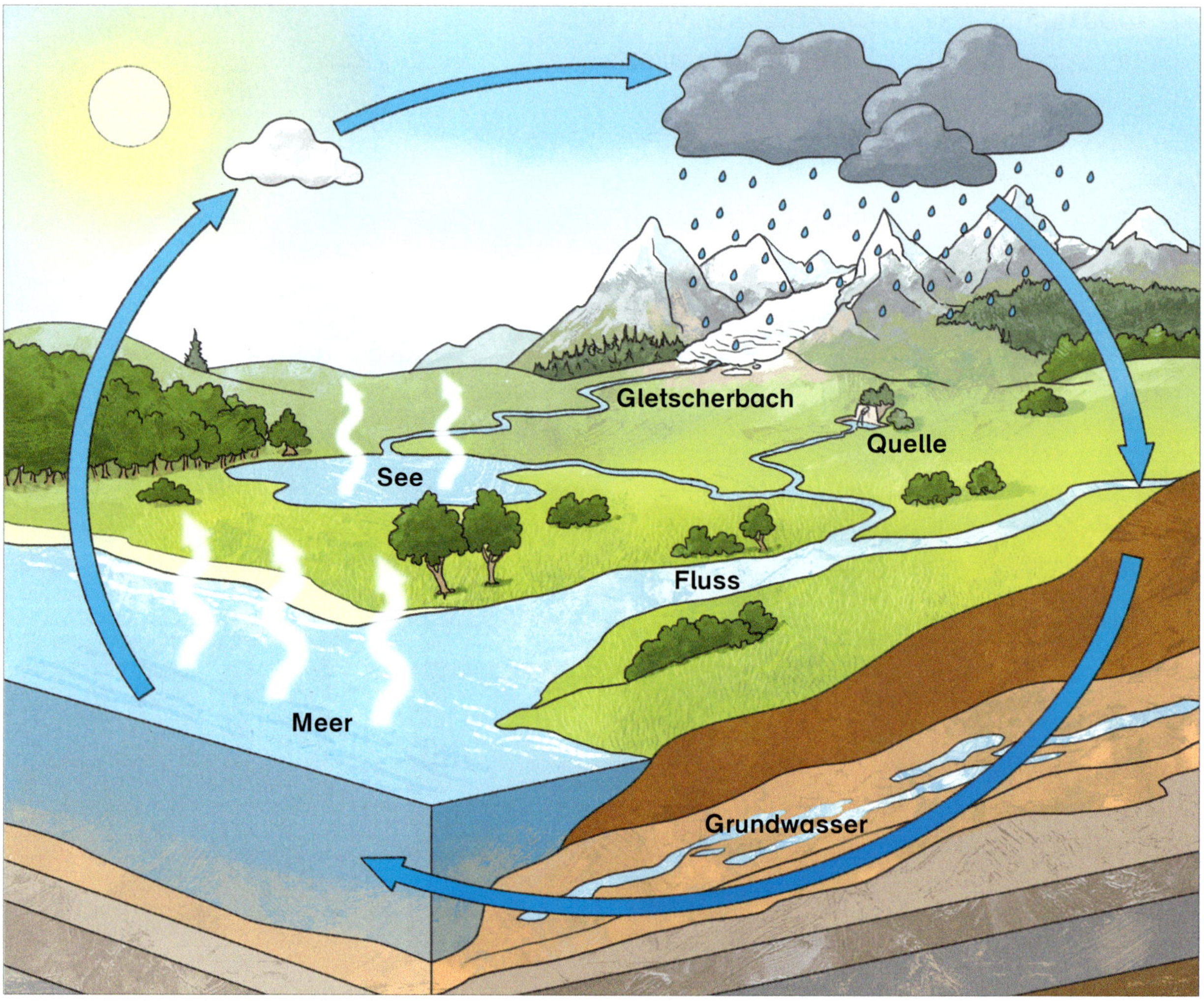

Gletscherbach

Quelle

See

Fluss

Meer

Grundwasser

Viel Wasser, aber wenig Trinkwasser!
Stell dir vor, das gesamte Wasser der Erde würde sich in den abgebildeten Eimern befinden. Nur ein einziger Eimer davon wäre Süßwasser. Von diesem Eimer ist dann nur 1/4 nutzbares Trinkwasser. Der Rest steckt im Schnee und Eis der Gletscher am Nord- und Südpol.

Wasserteilchen steigen auf

An der Oberfläche von Meeren und anderen Gewässern **verdunstet** ständig Wasser. Das heißt, kleinste Wasserteilchen steigen in die Atmosphäre auf. Auch die Pflanzen auf der Erde verdunsten Wasser. Ebenso steigt Wasserdampf vom feuchten Boden auf. Dadurch enthält die Erdatmosphäre einen hohen Anteil an Wasserdampf.

Wolken entstehen

Der Wasserdampf gelangt in höhere Luftschichten, wo er abkühlt und wieder zu flüssigem Wasser werden kann. Das nennt man **kondensieren**. An feinen Staub- und Rußteilchen in der Luft können sich Tröpfchen bilden. Viele dieser Wassertröpfchen bilden zusammen eine Wolke. Ist es kalt genug, entstehen Eiskristalle und Schneeflocken.

Es regnet, schneit oder hagelt

Die entstandenen Wolken bestehen aus vielen Wassertröpfchen. Enthält die Wolke eine große Menge kondensierten Wassers, bilden sich **größere Tropfen**. Diese fallen als Regen, Schnee oder Hagel auf die Erde.

Wasser versickert

Der größte Teil des Niederschlags fällt in Bäche, Flüsse, Seen oder Meere. Ein weiterer Teil fällt zu Boden und **versickert**. Das versickerte Wasser sammelt sich an **undurchlässigen Schichten** im Boden. So bildet sich **Grundwasser**.

Wasser fließt ins Meer zurück

Grundwasser tritt an **Quellen** zutage. Es fließt in Bächen, Flüssen und Strömen ins Meer. So gelangt auch Schmelzwasser von Gletschern und schneebedeckten Gipfeln ins Meer.

 Die dünne Lufthülle um die Erdkugel nennt man Atmosphäre.

1. Beschreibe den natürlichen Wasserkreislauf mithilfe der Grafik und der Texte.

→ Seite 6, 10

Wasserversorgung

Der Weg des Trinkwassers zum Wasserhahn

Trinkwasser wird in Bayern überwiegend aus Grund- und Quellwasser gewonnen. Es ist besonders gut zur Aufbereitung geeignet, da es beim Versickern schon durch Kies- und Sandschichten gefiltert wurde. Grundwasser befindet sich oft tief unter der Erde. Um es an die Oberfläche zu bekommen, werden in der Regel bis zu 100 Meter tiefe Brunnen gebaut. Mithilfe von Pumpen wird das Grundwasser nach oben gepumpt. Über Rohrleitungen gelangt es von den Brunnen ins Wasserwerk.

Das aus der Erdoberfläche austretende Wasser ist Grundwasser. Vor allem in Bergregionen gibt es viele solcher Quellen. Dieses Wasser ist meist so sauber, dass es nicht gereinigt werden muss. Um Grund- und Quellwasser zu schützen, werden Wasserschutzgebiete ausgewiesen.

Ein kleinerer Teil des Trinkwassers wird in Bayern über Wasser aus Talsperren, Seen und Flüssen gewonnen. Es wird in Rohrleitungen gepumpt und fließt zunächst ins Wasserwerk.

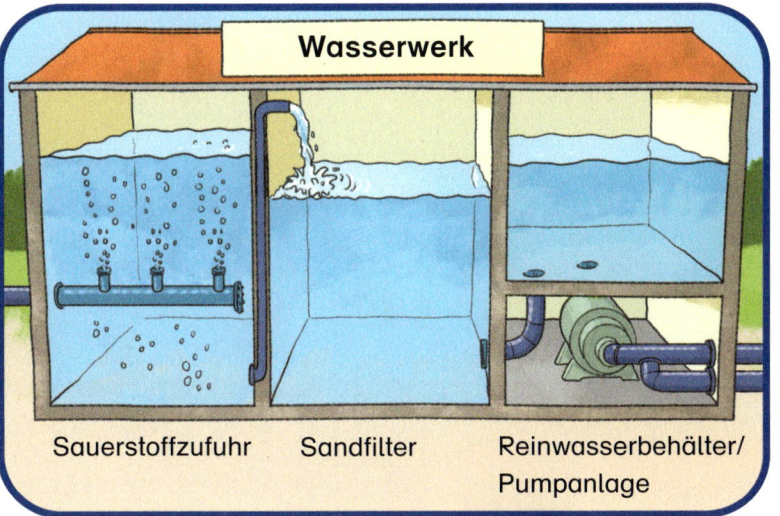

Wasserwerk

Sauerstoffzufuhr Sandfilter Reinwasserbehälter/ Pumpanlage

Das ankommende Wasser wird, wenn notwendig, in mehreren Schritten gereinigt und dabei ständig kontrolliert. Anschließend wird das Trinkwasser über große Pumpen in das Rohrnetz gepumpt. Der Pumpendruck muss ständig erhalten bleiben, damit das Wasser auch in die obersten Stockwerke von Hochhäusern gelangt.

Früher gab es noch nicht so leistungsfähige Pumpen. Deswegen wurde der Wasserdruck durch Hochbehälter in Wassertürmen immer gleich gehalten. Auch heute sind noch einige davon in Betrieb. Baut man jedoch ein Gebäude, dessen obere Stockwerke höher liegen als der Hochbehälter, benötigt man eine zusätzliche Pumpe.

Wasserturm mit Hochbehälter

Und wo wird euer Trinkwasser gewonnen und aufbereitet?

Lange Leitung
Die Rohrleitungsnetze für die Trinkwasserversorgung in Deutschland haben bis heute eine Länge von über 400 000 Kilometer erreicht. Das entspricht in etwa der zehnfachen Länge des Erdumfangs.

→ Seite 6, 7 optionales Thema, kein Inhalt des LehrplanPLUS

Wofür nutzen wir das Trinkwasser?

Wusstest du eigentlich, dass jeder von uns im Durchschnitt
etwa 122 Liter Wasser am Tag nutzt?

1. Bei welcher Tätigkeit könntest du täglich am meisten Wasser einsparen?

2. Frage deine Eltern, wie hoch bei euch die Kosten für einen Kubikmeter (1 000 Liter)
Wasser, einschließlich der Abwasserkosten, sind. Berechne, welche Ersparnis sich in
einem Jahr ergibt, wenn jedes Familienmitglied nur täglich zehn Liter Wasser einspart.

→ Seite 13

Wohin mit dem verbrauchten Wasser?

Das verbrauchte Wasser fließt über Abflussrohre in den Abwasserkanal und weiter
in die Kläranlage. Dort wird das Wasser in mehreren Schritten gereinigt.
Das saubere Wasser wird anschließend in Flüsse und Seen geleitet. Es ist dann
zwar geklärt, aber noch nicht so rein, dass man es als Trinkwasser verwenden kann.

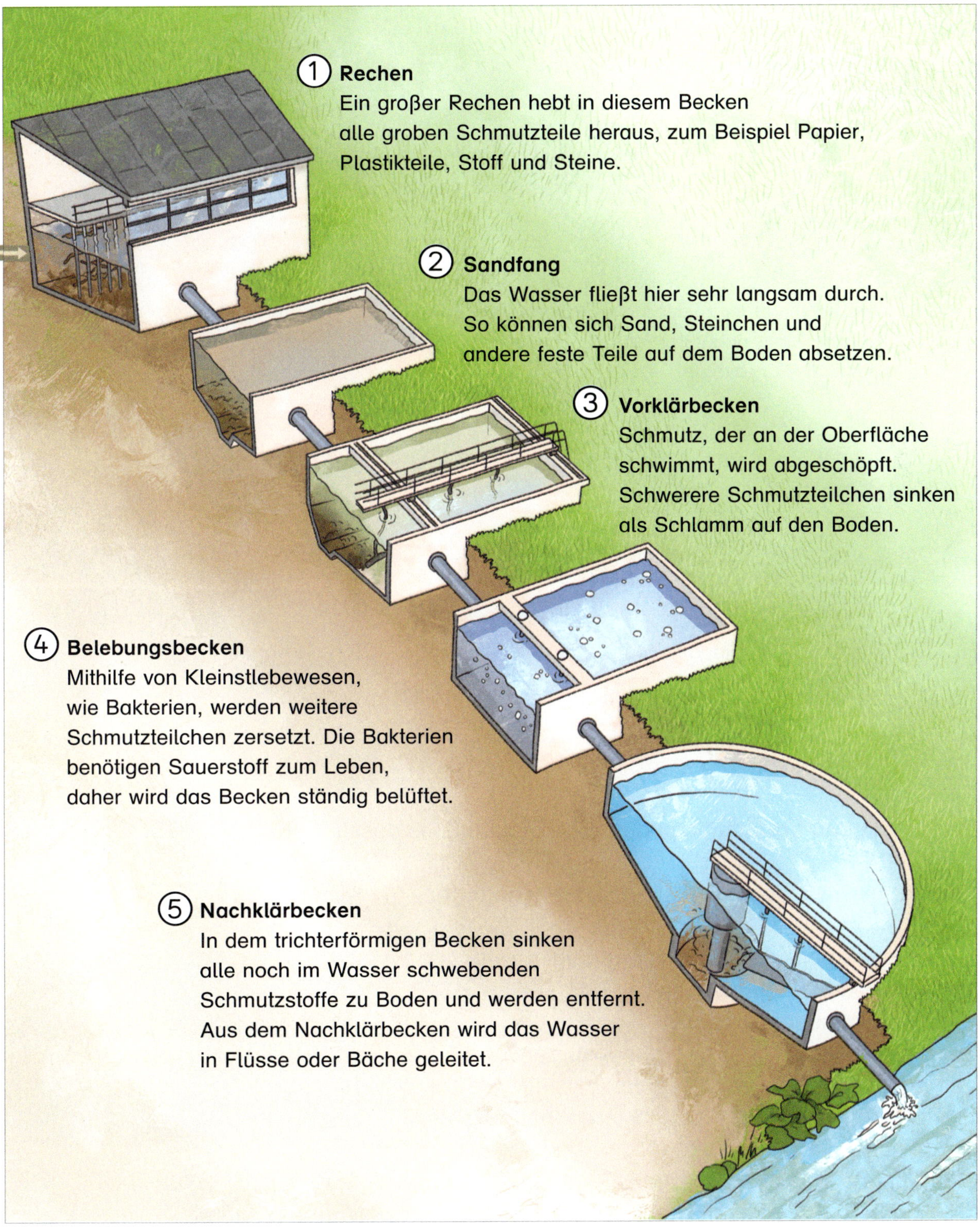

① Rechen
Ein großer Rechen hebt in diesem Becken
alle groben Schmutzteile heraus, zum Beispiel Papier,
Plastikteile, Stoff und Steine.

② Sandfang
Das Wasser fließt hier sehr langsam durch.
So können sich Sand, Steinchen und
andere feste Teile auf dem Boden absetzen.

③ Vorklärbecken
Schmutz, der an der Oberfläche
schwimmt, wird abgeschöpft.
Schwerere Schmutzteilchen sinken
als Schlamm auf den Boden.

④ Belebungsbecken
Mithilfe von Kleinstlebewesen,
wie Bakterien, werden weitere
Schmutzteilchen zersetzt. Die Bakterien
benötigen Sauerstoff zum Leben,
daher wird das Becken ständig belüftet.

⑤ Nachklärbecken
In dem trichterförmigen Becken sinken
alle noch im Wasser schwebenden
Schmutzstoffe zu Boden und werden entfernt.
Aus dem Nachklärbecken wird das Wasser
in Flüsse oder Bäche geleitet.

1. Erkundet, wo und wie in eurer Gemeinde das Abwasser geklärt wird.

→ Seite 6, 7   optionales Thema, kein Inhalt des LehrplanPLUS

Wasserkreislauf und Trinkwassergewinnung

Ein Wasserkreislauf im Einmachglas

Ihr braucht:
- ein großes Einmach- oder Gurkenglas
- etwas zerkleinerte Holzkohle,
  kleine Steine, etwas Sand, Blumenerde
- abgekochtes Wasser
- eine kleine, nicht blühende Pflanze
- Frischhaltefolie, einen Gummiring

① Legt etwas zerkleinerte Holzkohle-
stückchen in das Glas,
um Schimmelbildung zu verhindern.
Darüber schichtet ihr zuerst kleine Steine,
dann etwas Sand und zum Schluss
eine Schicht Blumenerde.

② Setzt nun die Pflanze behutsam in
die Erde. Wässert sie mit dem abgekochten
und abgekühlten Wasser.

③ Verschließt das Glas straff mit
Frischhaltefolie und einem Gummiring.

④ Stellt das Glas an einen hellen Platz,
nicht in die direkte Sonne.

1. Beobachte und beschreibe genau, was in dem Glas passiert.

2. Erkläre, wie der Wasserkreislauf im Glas abläuft.

3. Zeichne das bepflanzte Glas sorgfältig.
   Vergleiche nun die Vorgänge im Glas
   mit dem Wasserkreislauf.
   Beschreibe die Vorgänge in einem kurzen Text.
   Verwende dazu folgende Begriffe:
   versickern, verdunsten, kondensieren, herabtropfen

4. Legt nun einen Eiswürfel auf die Frischhaltefolie.
   Was kannst du direkt unter dem Eiswürfel beobachten? Vermute zuerst.

   Was ihr bei diesem Versuch beobachten könnt, funktioniert so ähnlich
   auch in der Atmosphäre der Erde.

→ Seite 8

Das Modell einer Quelle bauen

Ein Teil des Wassers auf der Erde ist im Erdboden gespeichert. Entweder kommt
es als Grundwasser vor, oder es haftet zwischen den kleinsten Bestandteilen
des Bodens. Unterschiedliche Bodenarten nehmen mehr oder weniger Wasser auf.
Manche sind wasserdurchlässig, andere nicht.
Mit folgenden Versuchen könnt ihr das selbst feststellen.

1. Wie viel Wasser können die unterschiedlichen Bodenarten aufnehmen?

Ihr braucht:

durchsichtige
Einwegplastikbecher

Blumenerde

Sand

Gartenerde

Kieselsteine

200 ml
Wasser

Ich habe zum Testen
auch noch Waldboden
mitgebracht.

2. Wie bildet sich Grundwasser? Wie entsteht daraus eine Quelle?
Baut ein Modell mithilfe mehrere Becher.
Verwendet die Materialien und Bodenarten aus Aufgabe 1.
Nutzt zusätzlich noch Ton oder Lehm.

3. Zeichnet ein Quellenmodell und beschriftet es.
Beschreibt und erklärt, wie es funktioniert.

→ Seite 8

AKTIV PLUS

Wasser verändert seine Zustandsformen

Wasser kommt in der Natur in verschiedenen Zustandsformen (Aggregatzuständen) vor: als **Feststoff (Eis)**, als **Flüssigkeit (Wasser)** und als **Gas (Wasserdampf)**.

1. Überprüft die Änderungen der Zustandsformen von Wasser mit den folgenden Versuchen. Beobachtet und beschreibt genau, was passiert. Haltet jeweils die Zeit fest.

   Ihr braucht:
   - eine Glasflasche
   - ein Teelicht mit Teewärmhalterung
   - einen Marmeladenglasdeckel
   - einen wasserfesten Filzstift
   - ein Gefrierfach
   - einen Plastikbecher
   - Eiswüfel
   - eine Uhr

Versuch 1

Legt einen Eiswürfel in einen Marmeladenglasdeckel. Erwärmt den Deckel über dem Teelicht.

Versuch 2

Legt eine leere Glasflasche für etwa 15 Minuten in ein Gefrierfach. Stellt die Flasche anschließend auf den Tisch.

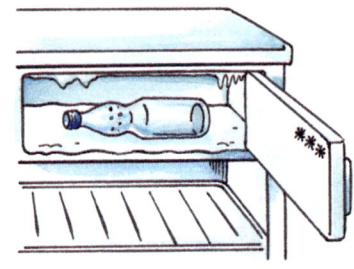

Versuch 3

Füllt einen Plastikbecher zur Hälfte mit Wasser. Markiert mit einem Stift den Wasserstand. Stellt den Becher über Nacht in ein Gefrierfach.

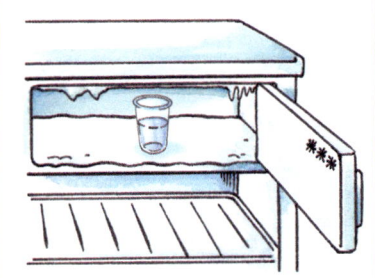

---

2. Ordne den verschiedenen Zustandsformen des Wassers die Versuche und deren Ergebnisse zu. Notiere deine Zuordnung.

AKTIV

→ Seite 8

Vom Wasserwerk zum Wasserhahn

Aus einem Wasserhahn fließt Wasser, egal, ob du ihn im Keller, im Garten oder im obersten Stockwerk eines Hauses aufdrehst.

Mit den folgenden Versuchen im Freien kannst du herausfinden, wie Trinkwasser von den Wasserwerken in die Haushalte gelangt, welche Schwierigkeiten dabei manchmal zu überwinden sind und wozu ein Hochbehälter eines Wasserturms dient.

Ihr braucht:
- einen durchsichtigen Schlauch (etwa 2 m lang, 1 cm breit)
- einen großen Trichter
- Gießkanne
- einen Luftballon, ggf. Gummiringe
- Kisten, Kartons, Stühle, …

AKTIV

1. Wozu benötigt man einen Hochbehälter?
Setzt einen Trichter auf ein Schlauchende. Lasst langsam Wasser über den Trichter in den Schlauch fließen. Bewegt nun das zweite Schlauchende auf und ab.
Beobachtet die Veränderung des Wasserstandes und vergleicht seine Höhe.

2. Wovon hängt der Wasserdruck ab?
Befestigt einen Luftballon über einem Schlauchende. Füllt am anderen Ende langsam Wasser über den Trichter ein, bis der Schlauch und der Luftballon einigermaßen gefüllt sind. Verändert die Höhe des Trichters gegenüber der Höhe des Luftballons. Was passiert mit dem Wasserdruck im Luftballon?

3. Wie überwindet Wasser Hindernisse?
Verändert gezielt den Versuchsaufbau. Verwendet zum Beispiel einen längeren Schlauch. Erst nach dem Füllen des Schlauches zieht ihr den Luftballon auf das freie Schlauchende.
Baut nun Hindernisse in den Weg des Schlauches: Berge, Täler, … Wie wirken sich diese auf den Wasserdruck aus?

→ Seite 8   optionales Thema, kein Inhalt des LehrplanPLUS

Wasser mischen und trennen

Durch die Zugabe verschiedener Stoffe verunreinigen wir unser Trinkwasser.
Dieses Wasser fließt in Kläranlagen, wo es mit großem Aufwand und in
mehreren Schritten gereinigt wird.

1. Probiert aus, wie sich verschiedene
   Stoffe in Wasser mischen.
   Vermutet zuerst.

   Ihr braucht:
   • mehrere Gläser, mit Wasser gefüllt
   • einen Esslöffel
   • Salz
   • Mehl
   • Speiseöl
   • feinen Kies
   • Sand
   • Zucker
   • Orangensaft

Verrührt nun jeweils einen Esslöffel des Stoffes in einem mit Wasser gefüllten Glas.
Wartet einige Minuten. Was passiert mit dem Stoff?
Haltet eure Vermutungen und Beobachtungen in einer Tabelle fest.

Vermutung / Beobachtung

Stoff	löst sich	schwimmt	sinkt	mischt sich
Mehl	X X			

2. Wie geht ihr vor, um die Mischungen aus Aufgabe 1 wieder zu trennen?
   Notiert zunächst eure Vermutungen. Probiert dann aus.

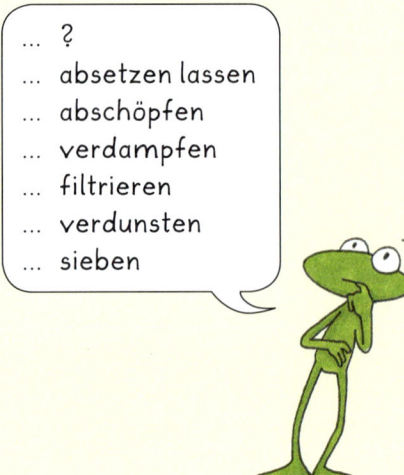

... ?
... absetzen lassen
... abschöpfen
... verdampfen
... filtrieren
... verdunsten
... sieben

→ Seite 8

Schwimmen und Sinken

1. Welche Gegenstände schwimmen, welche sinken?
Vermutet zuerst. Sortiert verschiedene Gegenstände dann in zwei Gruppen.
Haltet eure Vermutungen in einer Tabelle fest.

2. Probiert dann aus. Haltet eure Beobachtungen in einer Tabelle fest.

Vermutung			Beobachtung	
Stoff	schwimmt	sinkt	schwimmt	sinkt
Zahnstocher		X	X	

3. Beladet verschiedene Deckel mit Steinchen.
Welches davon kann am meisten Last tragen?
Vermutet zuerst und begründet.
Überprüft dann eure Vermutung.

Warum schwimmt ein großes Schiff aus Eisen?
Drückt man einen Gegenstand ins Wasser, verdrängt er dieses. Wenn du zum Beispiel einen Ball unter Wasser drückst, spürst du eine Kraft, die ihn wieder nach oben drückt. Diese Kraft nennt man Auftrieb. Ein Gegenstand schwimmt, wenn das von ihm verdrängte Wasser mindestens so viel wiegt wie der Gegenstand selbst.

→ Seite 8

Verstecktes Wasser

Wasser nutzen wir nicht nur als Trinkwasser und zum Waschen.
Auch für die Herstellung von Lebensmitteln, Kleidung, technischen Geräten und
anderen Produkten wird Wasser gebraucht. Die dafür benötigte Wassermenge sieht
man dem Lebensmittel oder den anderen Produkten nicht an. Darum spricht man
auch von verstecktem oder virtuellem Wassergehalt.
Für den Anbau mancher Rohstoffe, wie zum Beispiel Baumwolle, wird Wärme,
aber auch sehr viel Wasser benötigt. Zum Teil kommt diese Baumwolle aus Ländern,
in denen wenig Wasservorräte zur Verfügung stehen.

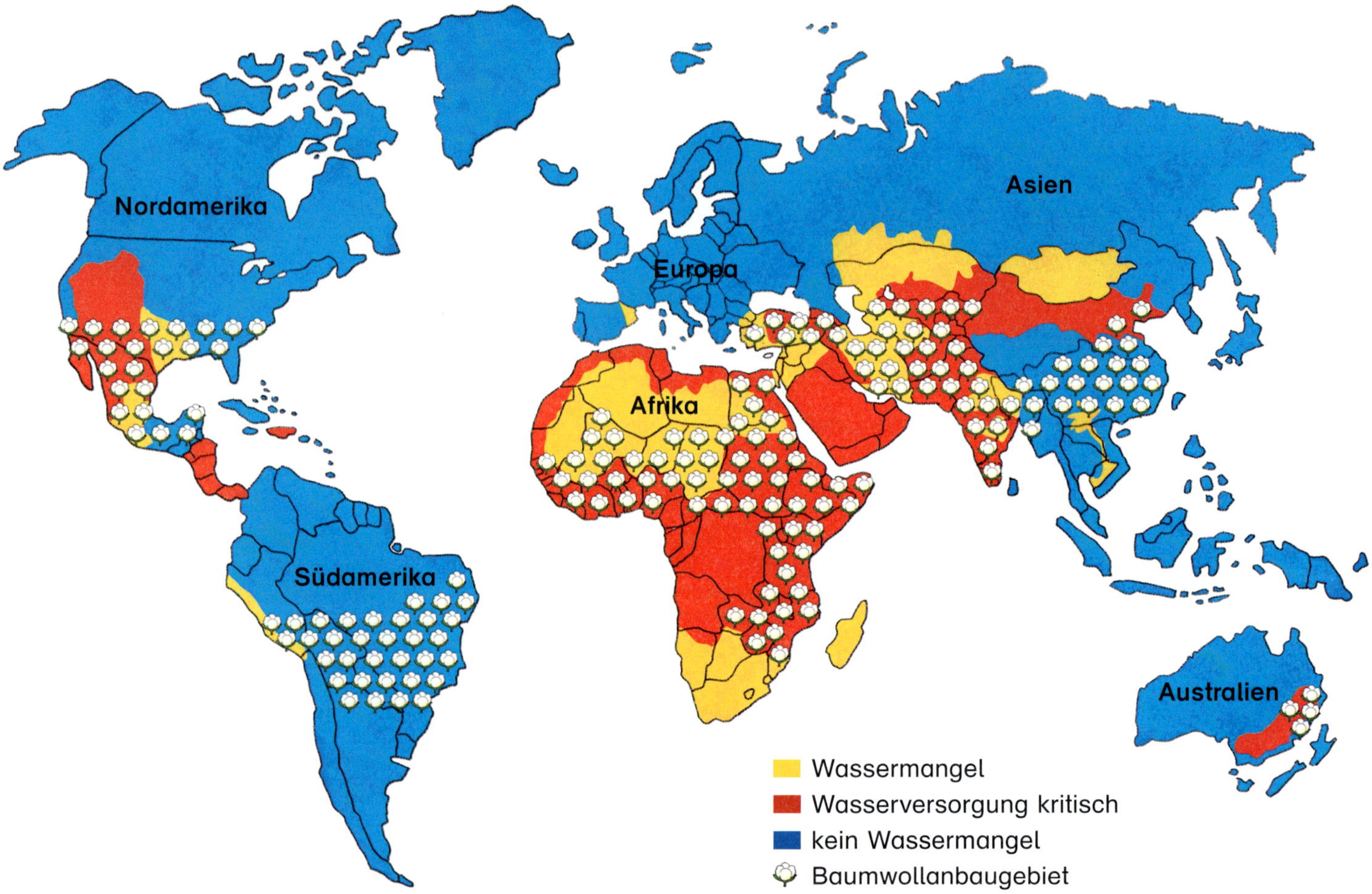

Nordamerika

Asien

Europa

Afrika

Südamerika

Australien

◻ Wassermangel
◻ Wasserversorgung kritisch
◻ kein Wassermangel
❀ Baumwollanbaugebiet

Virtuelles Wasser in einem Baumwoll-T-Shirt

etwa
3 000 Liter

Etwa 2 500 Liter sind für die Herstellung
der Baumwolle nötig. Mehr als die
Hälfte davon wird für die Bewässerung
der Baumwollfelder gebraucht.

Etwa 500 Liter sind für alle weiteren
Herstellungsschritte nötig.

Je nach Herkunftsland, Färbung
und Verarbeitung kann die Herstellung
eines T-Shirts auch **bis zu
15 000 Liter** Wasser verbrauchen.

Virtuelles Wasser in Produkten des Alltags

Schuhpaar	Jeans	Handy	Fahrrad	Computer	Auto
etwa 8000 l	etwa 6000 l	etwa 1300 l	etwa 5000 l	etwa 20000 l	etwa 300000 l

Virtuelles Wasser in einem Hamburger

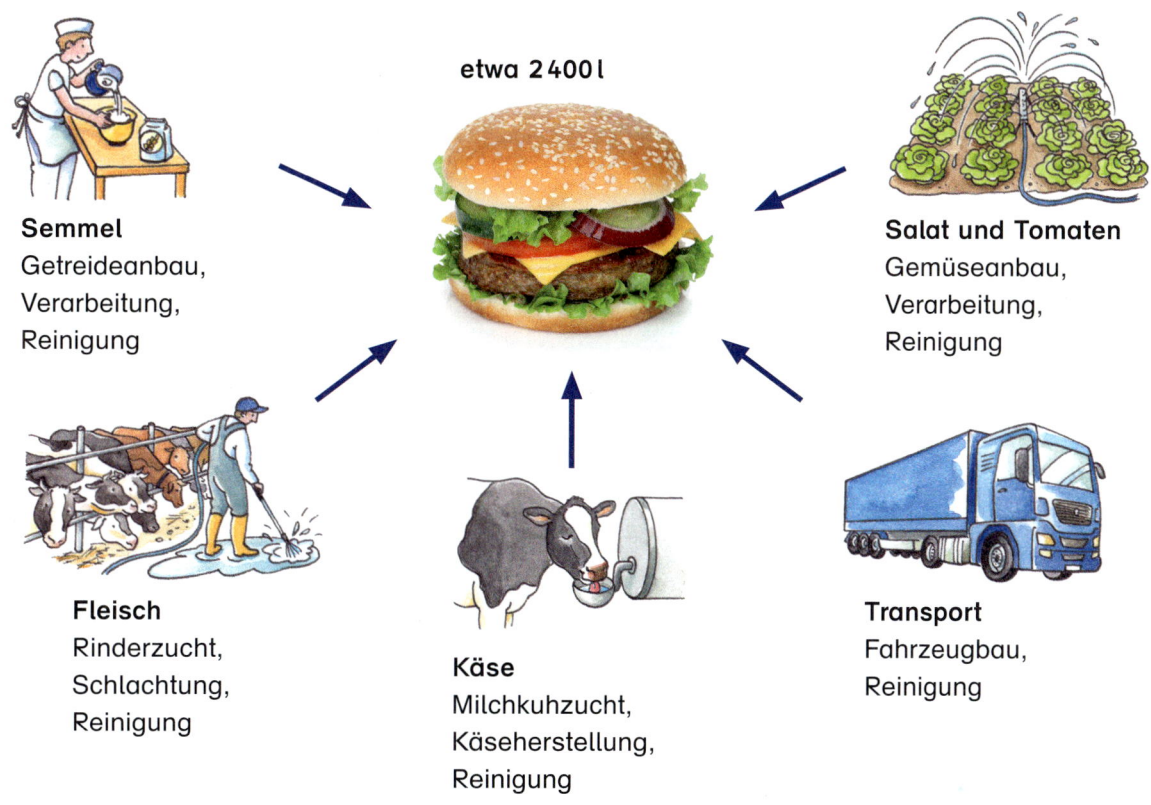

etwa 2400 l

Semmel
Getreideanbau,
Verarbeitung,
Reinigung

Salat und Tomaten
Gemüseanbau,
Verarbeitung,
Reinigung

Fleisch
Rinderzucht,
Schlachtung,
Reinigung

Käse
Milchkuhzucht,
Käseherstellung,
Reinigung

Transport
Fahrzeugbau,
Reinigung

Virtuelles Wasser in Nahrungsmitteln

1 l Milch	Käsescheibe (25 g)	Tomate	200 ml Orangensaft	Brotscheibe	Ei
etwa 1000 l	etwa 125 l	etwa 13 l	etwa 170 l	etwa 40 l	etwa 135 l

1. Welche Möglichkeiten habt ihr, verstecktes Wasser zu sparen? Entwerft dazu ein Plakat.

Trinkwasser ist kostbar!
- Etwa 880 Millionen Menschen haben keinen Zugang zu sauberem Trinkwasser.
- Jedes Jahr sterben etwa 1,5 Millionen Kinder unter fünf Jahren,
  weil Wasser mit Krankheitserregern verunreinigt wurde.
- Durch die voraussichtliche Erwärmung des Klimas wird es in vielen
  weiteren Gebieten der Erde zu Wassermangel kommen.

→ Seite 6, 11, 12, 13

Überall in Bayern finden wir heute noch Überreste aus vergangenen Zeiträumen.
Sie geben uns Hinweise, wie die Menschen früher gelebt haben.

① Venus von Mauern, Kalksandsteinfigur, etwa 27 000 Jahre alt

② Keltische Opferplattform in Riedenburg, etwa 3 600 Jahre alt

③ Römisches Kastell in Weißenburg, etwa 1 900 Jahre alt

④ Badeanlage aus der Römerzeit in Kempten, etwa 2 000 Jahre alt

⑤ Bamberger Dom, Domweihe 1012

Würzburg ⑧

⑤

● Ansbach

③

Augsburg ●

④

Vor- oder Urgeschichte	Frühgeschichte
5 000	3 000

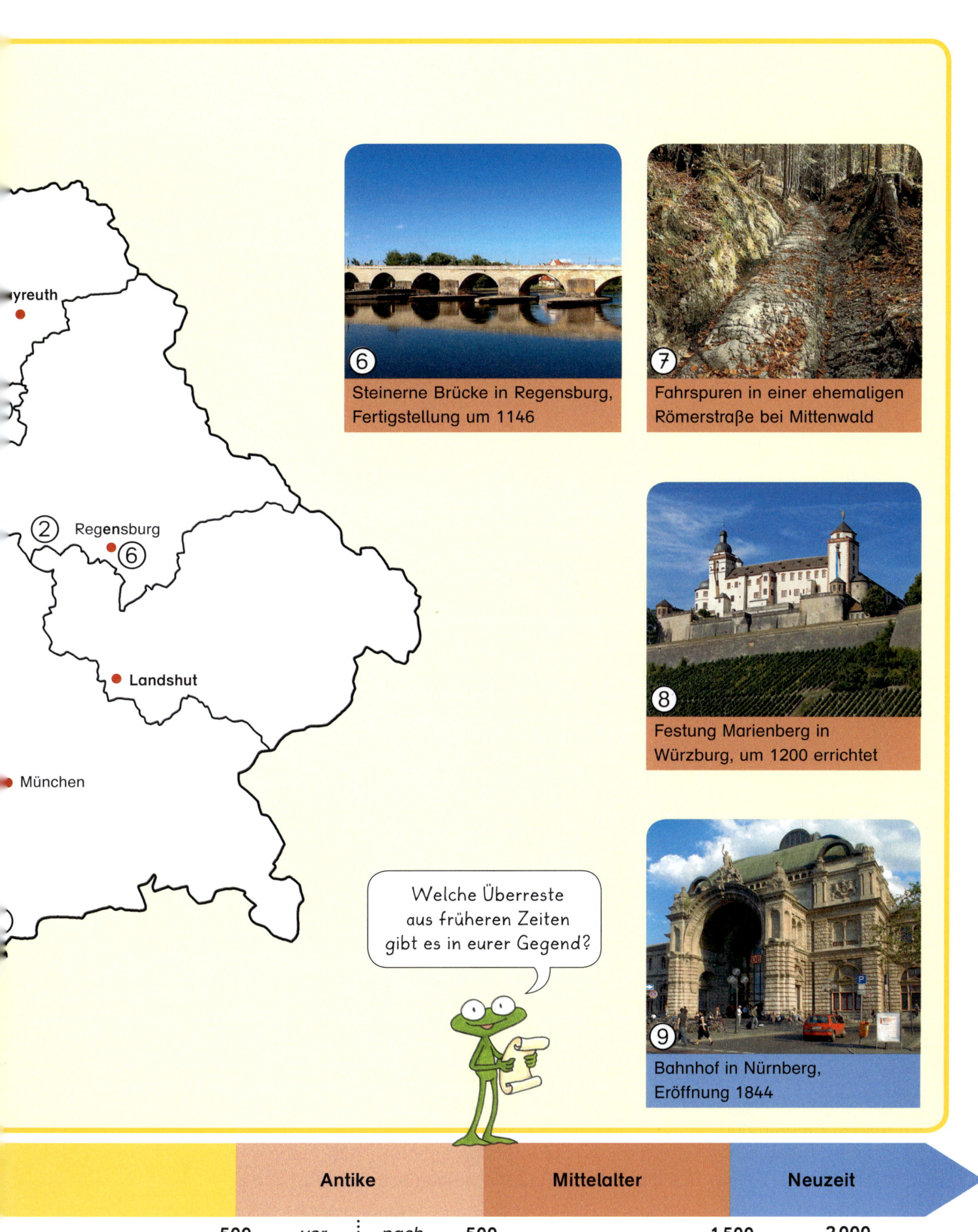

Bayreuth

② Regensburg ⑥

● Landshut

● München

⑥ Steinerne Brücke in Regensburg, Fertigstellung um 1146

⑦ Fahrspuren in einer ehemaligen Römerstraße bei Mittenwald

⑧ Festung Marienberg in Würzburg, um 1200 errichtet

⑨ Bahnhof in Nürnberg, Eröffnung 1844

> Welche Überreste aus früheren Zeiten gibt es in eurer Gegend?

| Antike | Mittelalter | Neuzeit |

500   *vor* ⋮ *nach*   500   1 500   2 000
Christi Geburt

→ Seite 4, 5

Leben im Mittelalter

Zu Beginn des Mittelalters, um etwa 500 nach Christus, wuchs die Bevölkerung stark an. Für den Häuserbau wurden Wälder gerodet; neue Städte, Dörfer und Handelsstraßen entstanden.

Das Handwerk und der Handel entwickelten sich weiter. Dabei war die tägliche Arbeit für die Menschen sehr anstrengend. In der Landwirtschaft und im Handwerk mussten alle körperlich hart arbeiten, auch Kinder und alte Menschen.

Kriege, Hungersnöte, Krankheiten und Seuchen gehörten zum Alltag der Menschen. Sie mussten mit der täglichen Gefahr leben. Die Menschen hofften auf ein besseres Leben nach dem Tod.

In jeder Stadt gab es einen Marktplatz. Hier herrschte reges Marktleben.
Auch die Bauern vom Land verkauften dort ihre Waren.

Im Mittelalter entstanden viele neue Handwerksberufe.

Fuhrmann

Schneider

Drechsler

Waffenschmied

Zimmermann

Färber

 → Seite 6

Alltag im Mittelalter

Handwerker

Die Handwerker eines Berufsstandes schlossen sich zu **Zünften** zusammen. Diese hatten strenge Regeln. Sie trugen eine unverwechselbare **Zunftkleidung** und wohnten nebeneinander in Gassen, in denen auch ihr **Zunfthaus** stand. Hier legten die Mitglieder der Zunft einheitliche Preise und Löhne fest. So versuchten sie, Billigangebote oder Betrug zu verhindern. Die Lehrlinge gingen nach ihrer Gesellenprüfung für Jahre auf die **Walz**, also auf Wanderschaft. So sammelten sie Berufserfahrung.

Kaufleute

Ein Teil der Kaufleute handelte mit Waren aus fernen Ländern. Das machte sie wohlhabend. Sie hatten viel Macht und Einfluss. So wie die Handwerker in Zünften schlossen sich die Kaufleute zu **Gilden** zusammen. Hier wurden die **Marktordnung** und die **Marktpreise** festgelegt. Die Kaufleute finanzierten den Bau von Schlössern und Kirchen, spendeten aber auch an Arme und Kranke. Es gab auch einfache Kaufleute, die nur Waren des täglichen Bedarfs verkauften.

> Bei uns gibt es eine Färbergasse und eine Weberstraße.

> Die schönsten mittelalterlichen Wohnhäuser gehörten den Kaufleuten.

Knechte und Mägde

Die Knechte und Mägde arbeiteten und lebten bei Bauern, Handwerkern oder Kaufleuten als **Gehilfen**. Sie verdienten zu wenig, um heiraten zu können.

Tagelöhner

Diese Menschen übten keinen festen Beruf aus. Oft arbeiteten sie als wenig geachtete Sackträger oder Transportkutscher. Dafür bekamen sie am Ende des Tages einen geringen „**Tagelohn**". Um überleben zu können, mussten Frau und Kinder mitarbeiten.

> Wie sah die Zukunft der Kinder von Tagelöhnern und Bettlern aus? Gibt es heute noch Tagelöhner?

Bettler

Wer wegen einer Krankheit oder Behinderung überhaupt nicht arbeiten konnte, der musste betteln gehen.

Bauern

Im Mittelalter lebten von 100 Menschen ungefähr 90 als Bauern auf dem Land. Um sich ernähren zu können, mussten sie schwer arbeiten. Im Sommer, wenn es sehr lange hell war, dauerte ein Arbeitstag oft 16 Stunden. Kinder schufteten ebenfalls sehr hart: Schon vierjährige Jungen mussten Vieh hüten oder im Stall helfen. Die Mädchen arbeiteten im Haushalt mit. Viele Kinder starben jung, häufig bereits im ersten Lebensjahr. Die meisten Bauern hatten ihr Land von einem **Grundherren** gepachtet. Als Gegenleistung mussten sie die Felder bewirtschaften: säen, pflügen, mähen und ernten. Einen Teil der Ernte mussten die Bauern an den Grundherren abgeben.

Grundherren

Die Aufgabe der Grundherren war es, den Bauern Land zu geben. Auch mussten sie diese bei kriegerischen Überfällen in ihren Burgen und Klöstern schützen. Grundherren waren meist Ritter und **Äbte**. Äbte sind Leiter eines Klosters.

... und heute?

Mönche und Nonnen

Mönche und Nonnen gehörten zu den wenigen Menschen, die lesen und schreiben konnten. In den Klöstern wurde nämlich nicht nur gebetet und gearbeitet. Sie waren auch Orte der Wissenschaft und Schulen. Viele Klöster besaßen prächtige Bibliotheken. Die Nonnen und Mönche sammelten viele Kenntnisse über Obst- und Gemüseanbau, züchteten medizinische Heilpflanzen und entwickelten daraus Arzneien. Teile der „Klostermedizin" der **Äbtissin** Hildegard von Bingen werden noch heute angewandt. In den Hospitälern wurden Kranke und Alte gepflegt, aber auch Reisenden wurde Unterkunft gewährt.

1. Wie sah das Leben im Mittelalter in eurer Heimatregion aus?
   Sammelt gemeinsam Fragen. Einigt euch, welche ihr davon beantworten wollt.

2. Überlegt, mit welchen Quellen ihr Antworten auf eure Fragen finden könnt.

→ Seite 5, 6

Die Ritter

Wie sah der Alltag eines Ritters aus?

Im Mittelalter waren die meisten Menschen in der Landwirtschaft tätig. Die Ritter lebten meist auf dem Land und bearbeiteten ihre Felder. Allerdings hatten sie oft ein besseres Leben als die Bauern.

War Frieden, bereiteten sich die Ritter auf Kriegszeiten oder Ritterturniere vor. Viel Zeit mussten sie aufwenden, um die Versorgung mit Lebensmitteln zu sichern: aussäen, ernten und auf die Jagd gehen. Oft reichte ein einziges Unwetter aus, um die ganze Ernte zu zerstören.

Wohlhabende Ritter bekamen vom König ein Stück Land, über das sie herrschen durften. Als Gegenleistung mussten sie und ihre Gefolgsleute für ihren König kämpfen, wenn ein Krieg ausbrach. Je nach seiner Stellung musste ein Ritter auch Ernteabgaben an den König entrichten.

Meist hatte ein Ritter Untergebene, die ihm wiederum Abgaben leisten mussten. Dafür versprach ein Ritter Schutz und Zuflucht auf seiner Burg in Kriegszeiten.

Wo wohnten die Ritter?

Nur die wohlhabenden Adelsfamilien wohnten in Burgen mit einem hohen Turm, die von einer dicken Mauer und tiefen Gräben umgeben waren. Eine Ritterburg musste so gebaut sein, dass sie ihren Bewohnern Schutz gegen Angriffe bot. In allen Burgen war es kalt, feucht und zugig. Die Fenster waren meist nur mit Fellen zugehängt. Es gab kein Bad, die Toilette war ein Plumpsklo in der Außenmauer. Die meisten einfachen Ritter lebten inmitten eines Dorfes in normalen Steinhäusern, die durch schmale Wassergräben geschützt wurden. Viele Ritter wohnten auch in kleineren Burgen.

1 Burggraben
2 Zugbrücke
3 Wehrmauer
4 Wehrgang
5 Wachturm
6 Wehrturm
7 Wohnräume
   der Bediensteten
8 Palas (Wohnhaus
   des Burgherren)
9 Kemenate (Wohn-
   haus der Burgherrin)
10 Burgkapelle
11 Bergfried
   (Wehrturm)
12 Brunnen
13 Burgtor

Wer konnte Ritter werden?

Im Alter von sieben Jahren wurden die Söhne von
Rittern zu Pagen ausgebildet. Sie lernten Reiten,
Bogenschießen und gutes Benehmen am Hofe.
Mit etwa 14 Jahren setzten die Pagen ihre Ausbildung
zum Ritter fort. Sie lernten, mit Schwert und Lanze
umzugehen, und dienten einem anderen Ritter.
Bei Kriegszügen und Ritterturnieren kümmerten sich
die Pagen um die Pferde, die Waffen und die Rüstung.
Die Ritterweihe, den sogenannten Ritterschlag, konnte
ein Page ab 21 Jahren erhalten.

Holzstich, 1473

Wann und wie kämpften Ritter?

Ihre wichtigsten Waffen waren Schwert und Lanze.
Das Schwert war ein bis zwei Meter lang und
wog manchmal über zwei Kilogramm.
Seine Anfertigung war teuer. Deshalb
wurden Schwerter an die Söhne weiter-
vererbt. Mit Pfeil und Bogen kämpften
dagegen die armen Fußsoldaten. Die
meisten Ritter mussten für ihren König in
den Krieg ziehen und kämpfen.

Wie war ein Ritter gekleidet?

Zu Beginn der Ritterzeit trugen die Ritter zu ihrem Schutz
Kettenhemden aus kleinen Eisenringen, die bis zu
den Knien reichten. Im Laufe der Zeit entwickelten sich
die Schutzrüstungen weiter.
Der Helm war jetzt vollständig geschlossen und hatte ein
aufklappbares Visier. Durch die hinzugekommenen
Stahlplatten war der Ritter gut geschützt, konnte sich
aber kaum mehr bewegen. Die vollständige Rüstung war
25 bis 30 kg schwer. So viel wiegt etwa ein Schulkind.
Beim An- und Ablegen musste der Knappe seinem Herrn
helfen. Deshalb trug der Ritter die Rüstung nur bei
Turnieren oder im Krieg. Im Alltag zogen die Rittersleute
auch leichte Kleidung aus Wolle oder Seide an.

Ritterrüstung um 1500

Die Tugenden eines Ritters

Die Erwartungen an einen Ritter waren sehr hoch. Der König oder andere Herren,
denen die Ritter dienten, erwarteten Treue, Gehorsam und Respekt. Als Krieger
musste ein Ritter Tapferkeit beweisen. Auch christliche Tugenden waren
wichtig. Daher sollte er Kranken, Armen und Schwächeren helfen. Außerdem sollte
er ein gläubiges Leben führen. Zu den Tugenden eines Ritters gehörten auch
Gelassenheit, ordentliches Verhalten und Höflichkeit gegenüber Damen.

→ Seite 6, 11, 12

Lebendige Geschichte

Ein heutiges Mittelalterfest

Hufschmied

Feuerschlucker

Steinmetz

Wahrsager

Speisen der Hofschenke

Kaiserschmarrn
Beilage: Apfel-Birnenkompott
(auch laktosefrei möglich!) .... 5,40 €

Schmachtlappen aus dem Steinofen
Vollkornbrot mit Gemüsebelag,
Schmand und Käse überbacken .... 3,50 €

Prinzessinnenteller
Knusprige Kartoffelspalten mit
Kräuterrahm und Knoblauch-Dip .... 4,90 €

Strammer Ludwig
Schweineschnitzel mit Pommes oder
Bratkartoffeln, Salatbeilage .... 10,90 €

Kalter Ritter
Vanilleeis mit Mango-Orangensauce ..... 4,90 €

Getränke

Burgfräulein-Saft
(Zitronenlimo) .... $\frac{1}{4}$ l ...... 2,40 €
Goldregen (Spezi) .... $\frac{1}{2}$ l ...... 3,30 €
Brandlöscher (Apfelschorle) ..... $\frac{1}{2}$ l ...... 3,20 €
Ritterbock (Starkbier) .... $\frac{1}{2}$ l ...... 3,90 €
Bärenfang (Honig-Wein) .... $\frac{1}{4}$ l ...... 3,80 €

Die Landshuter Hochzeit

Alle vier Jahre findet das größte Mittelalterfest
Deutschlands statt. An vier Wochenenden
gibt es Umzüge, Ritterspiele und Konzerte.
Mehr als 2000 Darsteller aus der Landshuter
Bevölkerung spielen so originalgetreu wie
möglich eine Fürstenhochzeit aus
dem Jahre 1475 nach.
Inzwischen reisen Tausende Touristen aus aller
Welt an. Die Eintrittskarten werden Monate vor
dem Fest auch im Internet verkauft. Auch die
Hotelzimmer werden Jahre im Voraus gebucht.

Was wissen wir aus Quellen über das Mittelalter?

Essen im Mittelalter

Viele heute beliebte Gerichte, wie Reibekuchen oder Pommes frites, waren im Mittelalter unbekannt, denn Kartoffeln gab es damals in Europa noch nicht. Getreidebrei, Brot, Hülsenfrüchte und Rüben waren die Grundnahrungsmittel für alle Menschen. Reiche Ritter und Adlige aßen abwechslungsreicher als die Bauern: mehr Fisch und Fleisch, vor allem Schwein, Huhn, aber auch Wild, dazu Käse, Obst und Beeren. Da Wasser aus Brunnen oft verunreinigt war, tranken die Menschen meistens Wein oder Bier. Dieses enthielt weniger Alkohol als heute. Auch ältere Kinder bekamen Bier oder Wein, Milch war für Kranke und Kleinkinder bestimmt.

Holzschnitt, 1507

Das „Heymliche Gemach" im Mittelalter

Im Mittelalter gab es keine Toiletten, wie wir sie heute kennen. Meistens benutzte man Nachttöpfe, deren Inhalt in die offenen Rinnsteine auf der Straße geschüttet wurde.

Auf manchen Burgen gab es eine Türöffnung im Gemäuer, die direkt ins Freie führte. Daran hing ein hölzerner Vorsprung, das „Heymliche Gemach". Durch ein Loch im Boden fielen die Fäkalien direkt in den Burggraben. Sehr oft vergiftete das verunreinigte Wasser die Brunnen und das Trinkwasser. Krankheiten und Seuchen, wie zum Beispiel die Pest, verbreiteten sich sehr schnell. Obendrein zog der Gestank in die Häuser und durch die Straßen.

Holzschnitt, 1494

Hochzeit im Mittelalter

Nur wenige Menschen heirateten früher aus Liebe. Meistens vereinbarten die Eltern für ihre Kinder oder der Grundherr für seine Leibeigenen die Ehe. Arme Bauernmädchen wurden oft schon mit 13 Jahren verheiratet, um so früh wie möglich Kinder zu bekommen, die dann später für den Grundherrn arbeiten konnten.
Zwischen reichen Familien wurde die Heirat der Kinder ebenso abgesprochen. So konnte man oft bessere Geschäfte machen und an Macht gewinnen. Die Braut sah ihren Bräutigam meist bei der Hochzeitszeremonie das erste Mal.

1. Überlege, was den Menschen heute an Mittelalterfesten gefällt.

2. Wie wird das Leben im Mittelalter auf heutigen Festen dargestellt?
   Vergleiche mit den Aussagen auf dieser Seite. Lege dazu eine Tabelle an.

3. Gibt es in eurer Gegend auch ein Fest oder einen Brauch, bei dem an ein bedeutendes Ereignis erinnert wird?

→ Seite 6, 13

Die Medien-Ritter

Schraubenzieherkompott
(Obstsalat für vier Personen)

Man nehme:
- 2 Schraubenzieher (oder Bananen)
- 1 Kanonenkugel (Orange)
- 1 Briefbeschwerer (Zitrone)
- 2 TL Maschinenschmier (oder Honig)
- 300 g geschrotete Hanteln (Erdbeeren; andere Beeren gehen aber auch)
- 1 Expander (Pfirsich oder Kiwi)
- 1 Reichsapfel (oder normaler Apfel)
- 1 Handvoll Kreuzschlitzschrauben (zerkleinerte Mandeln oder Nüsse)

Die geschroteten Hanteln werden in einem Sieb gewaschen und zum Abtropfen beiseitegestellt. [...]

Faschingskostüm „Ritter"

[...] Auch wenn Thekla im Kerker natürlich auf dem Boden liegen muss, möchtest du ja vielleicht trotzdem gerne wissen, wie ein Bett auf einer Ritterburg überhaupt ausgesehen hat? Da muss ich zuerst erzählen, dass die Schlafräume zur Zeit von Trenk noch überhaupt gar keine Heizung hatten – man hätte höchstens einen Kamin einbauen können, der war schon erfunden. (Aber den hatte man auf einer Burg meistens nur in der großen Halle.) [...]
Solange die Schlafräume noch nicht geheizt werden konnten, waren sie mit ihren dicken Steinmauern vor allem im Winter eben richtig eisekalt; [...]

Hinter diesem Hügel stand eine Burg, die es an Pracht und Schönheit mit allen Burgen der Zeit aufnehmen konnte. Ihre Mauern waren aus dem härtesten Granit, und ihre Türme reichten fast bis in die Wolken. Im Hofe der Burg tummelten sich Knechte und Mägde, Hofnarren und Sänger, Wunderheiler und andere seltsame Gestalten aus aller Welt. In den Ställen warteten lange Reihen von stolzen Rössern mit glänzendem Fell auf einen Ritt über die weiten Felder. Im Festsaal fanden jede Nacht rauschende Bälle statt, mit Musik und Tanz, mit gebratenen Hirschen und fässerweise gutem Wein.

[...] Am letzten Abend versammelte Artus all seine Ritter noch einmal um die Tafel. Er ließ sie Mann für Mann auf die Gesetze der Tafelrunde schwören, die er und Merlin aufgeschrieben hatten: Sie sollten den Frieden mehr lieben als den Streit. Niemals sollten sie sich an einem Mord beteiligen, niemals Verrat üben. Den Witwen und Waisen sollten sie ein starker Schild sein. Den Armen mussten sie helfen. Nie durften sie ihren eigenen Vorteil suchen oder sich durch Geld bestechen lassen. [...]

[...] Ganz vorne an der Stirnseite saß ein Ritter, der der Burgherr sein musste, jedenfalls hatte sein Stuhl die höchste Lehne. Er sah streng aus (der Ritter jetzt) und wenn es damals schon Armbanduhren gegeben hätte, hätte er bestimmt auf seine draufgeschaut. Er sagte: „Mal wieder spät dran, die jungen Herren!" „Verzeiht, Vater!", sagte Kuno mit einer Verbeugung. Er war hinter einem leeren Stuhl am anderen Ende des Tischs stehen geblieben und hielt sich beim Verbeugen an der Lehne fest. Bei den Rittern musste man offenbar nicht nur pünktlich zum Essen kommen, sondern sich auch im Stehen fürs Zuspätkommen entschuldigen. [...]

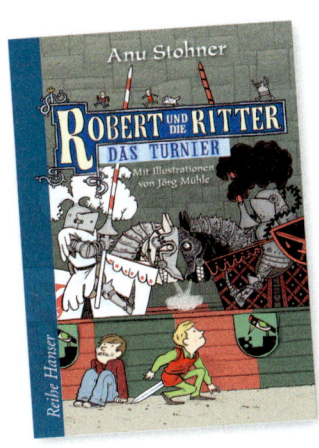

Schaukampf beim Kaltenberger Ritterturnier

Das Kaltenberger Ritterturnier
ist eines der größten mittelalterlichen Spektakel der Welt.
Die jedes Jahr stattfindenden Schaukämpfe werden in einer Arena ausgetragen. Dabei kämpfen „Stuntmen" in historischen Kostümen auf Pferden.
Vor und nach dem Ritterturnier gibt es ein umfangreiches Rahmenprogramm mit Musikern, Tänzern, Hexen, Hofnarren und vielem mehr.

Der Rostige Robert ist lustig. Jetzt weiß ich alles über Ritter.

Wirklich?

1. Vergleiche die „Medien-Ritter" mit den Informationen auf den Seiten 84–89. Schreibt dafür die wichtigsten Stichpunkte auf. Sprecht anschließend darüber.

→ Seite 6, 13

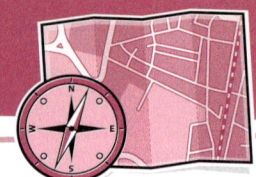

Ich finde mich zurecht!

Für unterschiedliche Zwecke gibt es ganz unterschiedliche Karten und Pläne: Wanderkarten, Stadtpläne, Straßenkarten, Weltkarten, geschichtliche Karten, Verkehrskarten, Tourismuskarten, Radwanderkarten, …

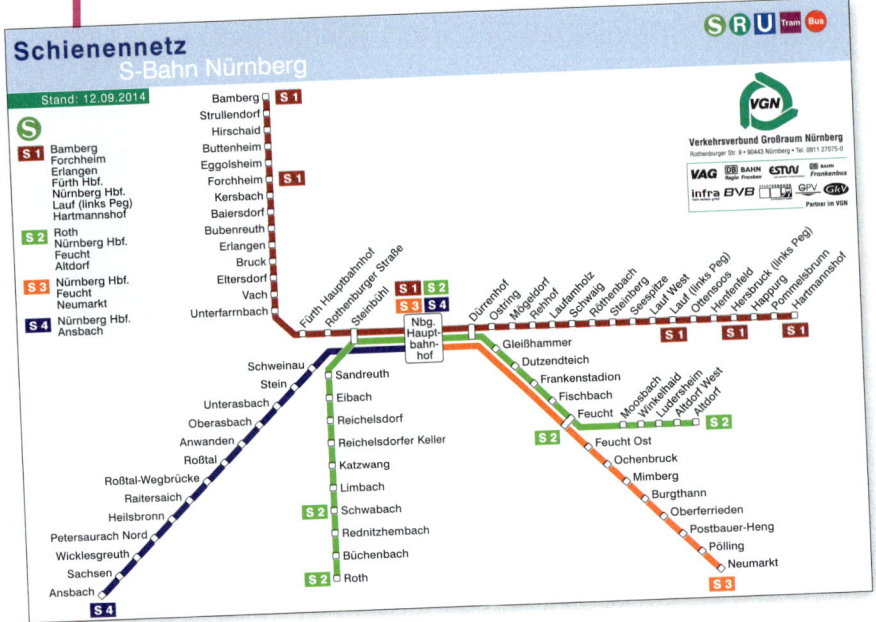

Wie komme ich am besten zum Affengehege?

Aylin

Wie weit ist es noch bis zur Burg?

Mama

Yusuf

Wo muss ich umsteigen?

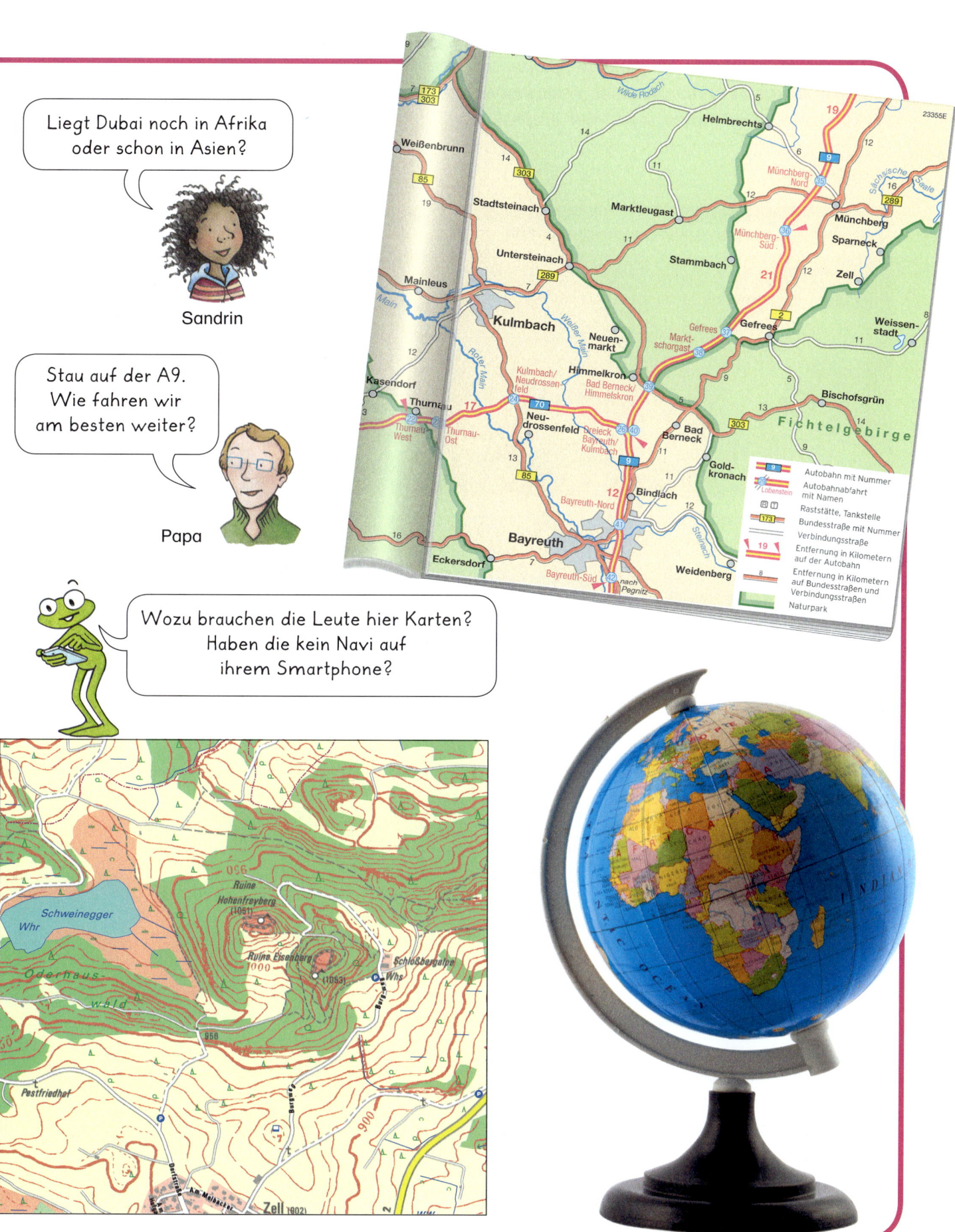

→ Seite 4, 5

Der Maßstab

Bilder in natürlicher Größe sind oft zu klein oder zu groß für ein Buch.
Der Maßstab zeigt uns bei einer Vergrößerung oder bei einer Verkleinerung,
wie groß etwas in Wirklichkeit ist. Entspricht 1 Zentimeter auf der Abbildung in
Wirklichkeit 2 Zentimeter, lautet der Maßstab 1 : 2.

Originalgröße

Abbildung im Maßstab 1 : 1

Verkleinerung

Abbildung im Maßstab 1 : 2

Originalgröße

Abbildung im Maßstab 1 : 1

Verkleinerung

Abbildung im Maßstab 1 : 100

1. Miss die Körpergröße des
   Giraffenweibchens auf dem Bild.
   Berechne ihre Originalgröße.

2. Wo findest du in deiner
   Umgebung Modelle,
   die etwas verkleinert darstellen?

Mal schaun, in welchem Maßstab
mein Auto verkleinert ist.

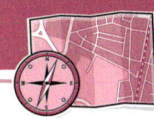

Der Maßstab auf Plänen und Karten

Maßstab 1 : 2 000
1 cm ≙ 2 000 cm ≙ 20 m

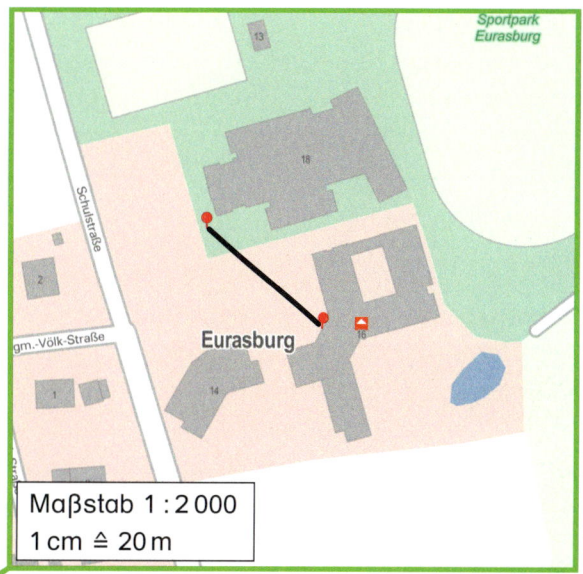

Maßstab 1 : 2 000
1 cm ≙ 20 m

Maßstab 1 : 20 000
1 cm ≙ 200 m

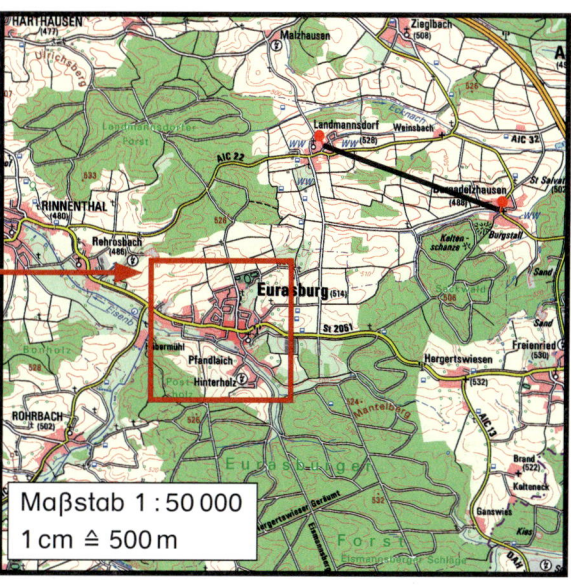

Maßstab 1 : 50 000
1 cm ≙ 500 m

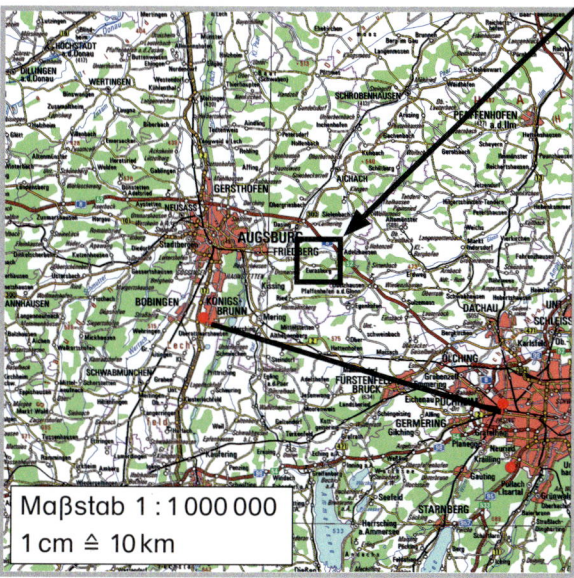

Maßstab 1 : 1 000 000
1 cm ≙ 10 km

Die Kartenausschnitte zeigen
die Grundschule Eurasburg in
immer kleinerem Maßstab.
Bei einem kleineren Maßstab
(z. B. 1 : 1 000 000) kann man deutlich
weniger Einzelheiten auf der Karte
darstellen als bei einem großen
Maßstab (z. B. 1 : 50 000).

1. Miss den Abstand der zwei roten
Markierungspunkte auf der Karte in
Zentimeter. Berechne, welche
Entfernung in Wirklichkeit zwischen
beiden Punkten liegt.

Höhenlinien in Wanderkarten

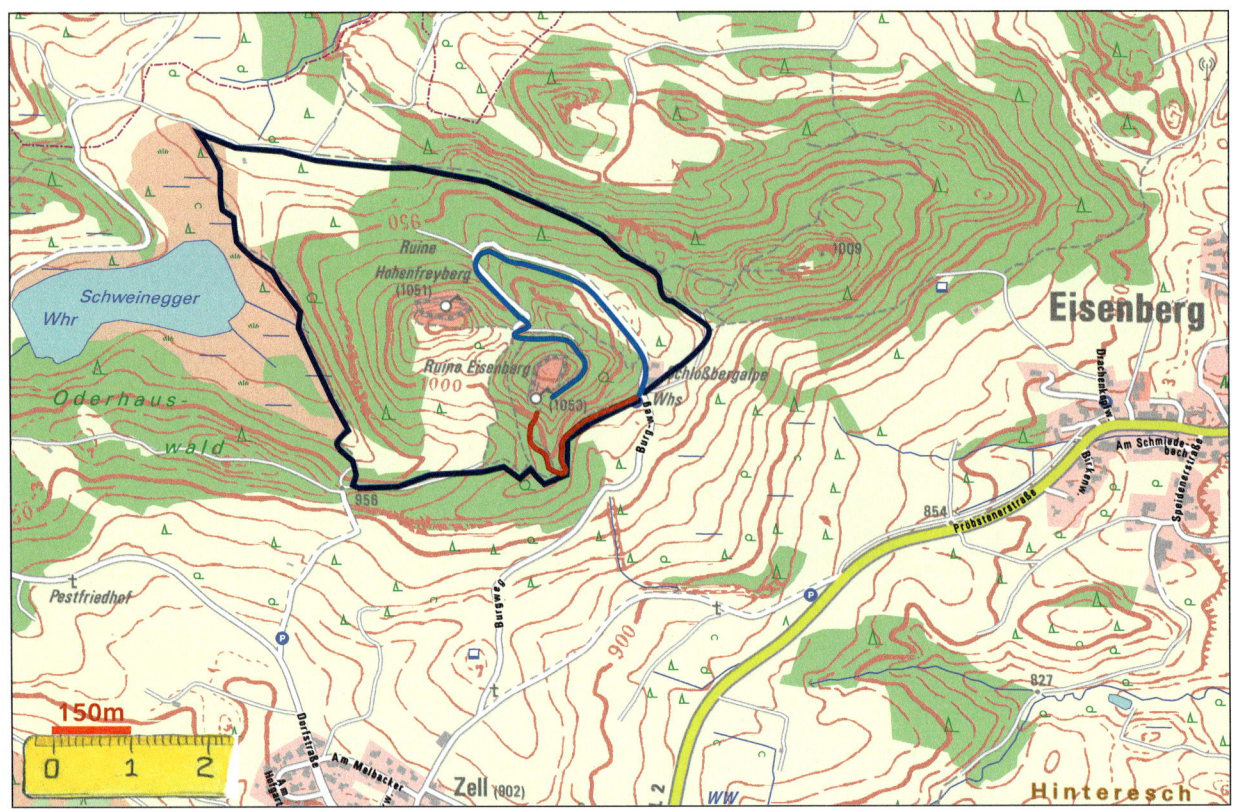

A

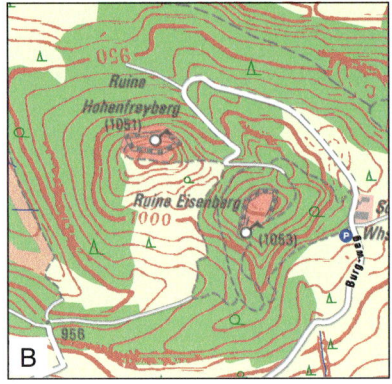
B

Eine Karte ist eine vereinfachte Draufsicht aus der Vogelperspektive auf die Landschaft. Höhen und Berge sind aus dieser Sicht nicht zu erkennen (A).
Um diese darstellen zu können, wird der Berg gedanklich in gleichmäßig hohe Schichten zerschnitten (z. B. 50 m). Die Ränder der Schichten werden als Umriss auf der Karte abgebildet (B). So kann man an ihrem Abstand erkennen, ob das Gelände steil oder flach ansteigt.

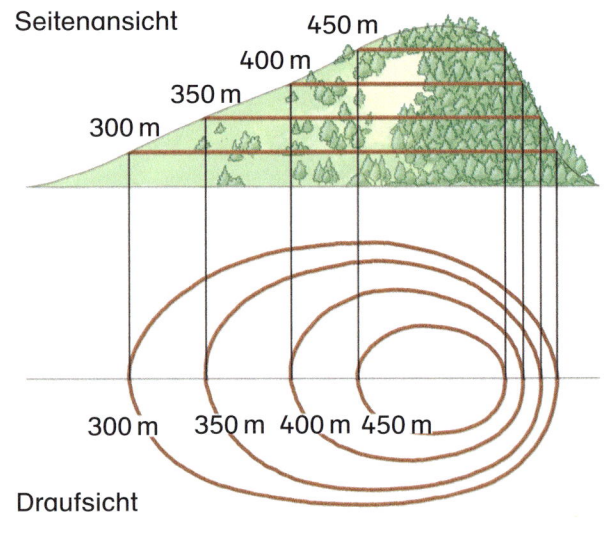

Seitenansicht
450 m
400 m
350 m
300 m

Draufsicht
300 m   350 m 400 m 450 m

Ein Bergmodell bauen

Ihr braucht:
- Welllpappe (3–4 mm stark)
- Schere, Bleistift, Papier, 2 Zahnstocher oder 2 Nägel

Die Bergschichten müssen unterschiedlich groß sein.

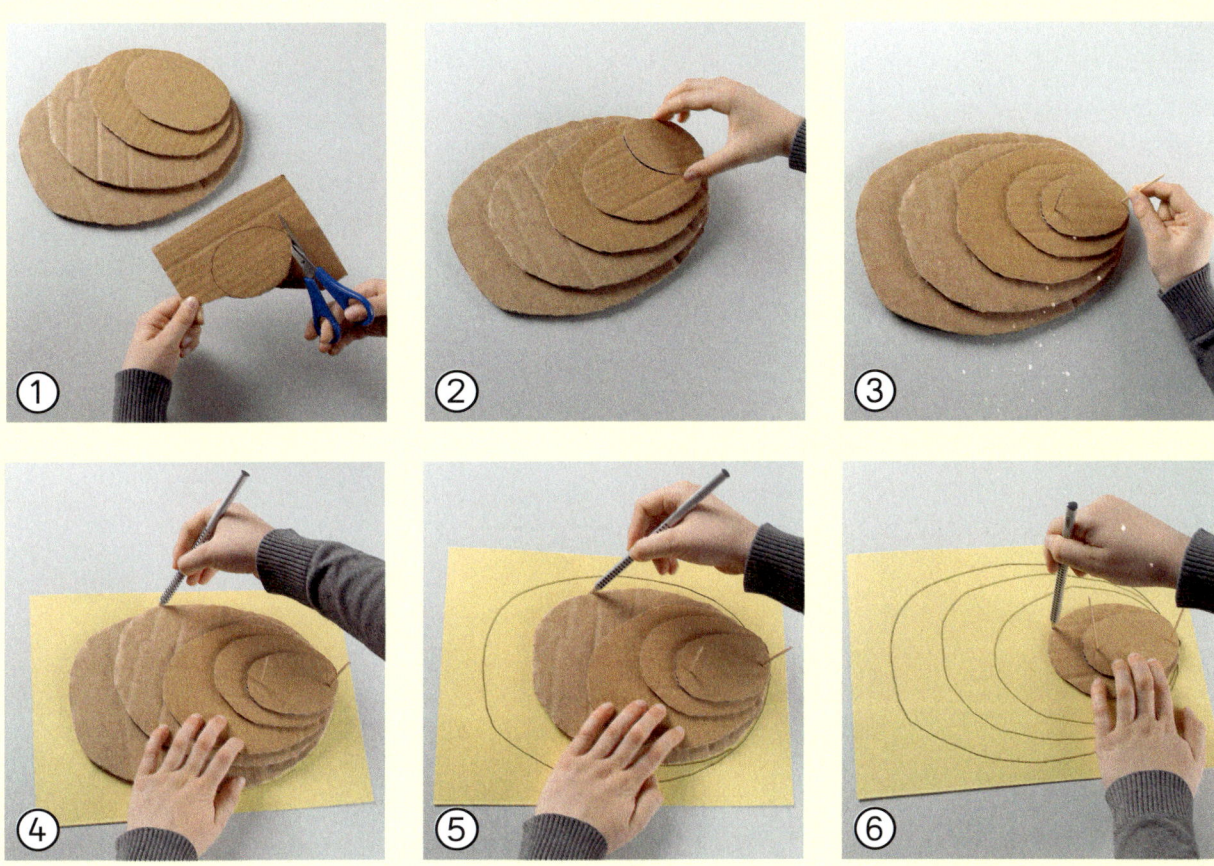

AKTIV

Karten lesen

Plant mithilfe der Karte auf Seite 96 einen Wanderausflug zu den Ruinen Eisenberg und Hohenfreyberg. Startet an der Schloßbergalpe. Von dort könnt ihr zur Ruine Eisenberg den rot oder den blau markierten Wanderweg nehmen.
Eine Mitschülerin sitzt in einem Rollstuhl, den ihr schieben müsst.

1. Welchen Weg wählt ihr? Begründet eure Auswahl.

2. Ihr könnt auch eine Rundwanderung um die Burgberge machen (schwarze Markierung). Die Wanderkarte zeigt euch, ob dieser Weg mit einem Rollstuhlkind möglich wäre.
   Beschreibt den Weg. Wo ist er steil, wo ist er flach?

3. Eine Wandergruppe schafft in einer Stunde etwa drei Kilometer.
   Wie lange würde dein geplanter Rundwanderweg dauern?

→ Seite 13

Bayern – Unsere Heimat

Auf dieser Karte könnt ihr Gebirgszüge, Ebenen und Gewässer erkennen. Auch größere Städte und Straßen wie Autobahnen und Bundesstraßen sind eingezeichnet.

1. Wo warst du schon in Bayern?

Landhöhen (in Meter)		Fluss	Großstadt über 1 Million Einwohner	Landschaftsname	Staatsgrenze

Landhöhen (in Meter)
- 1000
- 750
- 500
- 350
- 200
- 100

Fluss
Donau — Flussname
schiffbarer Fluss
schiffbarer Kanal
See, Stausee
Staumauer

München — Großstadt über 1 Million Einwohner
Nürnberg — Großstadt 500 000 bis 1 Million Einw.
Würzburg — Großstadt 100 000 bis 500 000 Einw.
Kempten — Stadt oder Ort unter 100 000 Einw.
bebaute Fläche

Hallertau — Landschaftsname
▲2962 Zugspitze — Berghöhe (in m) und Bergname
Karwendel — Gebirgsname
Schweiz — Name des Staates
Hessen — Name des Bundeslandes

Staatsgrenze
Bundeslandgrenze

Maßstab 1: 2 100 000
21 km
0 1 2

98

Landschaften in Bayern

Hopfenanbau in der Hallertau

Donaudurchbruch bei Weltenburg

Zugspitze

Mainschleife bei Volkach

Lindau am Bodensee

Großer Arber im Bayerischen Wald

1. Wie könntest du von deinem Wohnort aus zu den oben abgebildeten Landschaften gelangen? Durch welche Gebiete und Gegenden Bayerns würdest du dabei kommen?

2. Stellt euch gegenseitig Aufgaben, die ihr mithilfe der Karte lösen könnt.
Beispiel: Fahre mit dem Schiff von Würzburg nach Passau.
Welche Städte liegen an deinem Weg?

→ Seite 6, 7

Regierungsbezirke in Bayern

Bayern ist in sieben Regierungsbezirke gegliedert. Jeder Bezirk hat eine eigene Verwaltung (Regierung) und ist in Landkreise unterteilt. Manche Landkreise sind nach ihrer größten Stadt benannt.

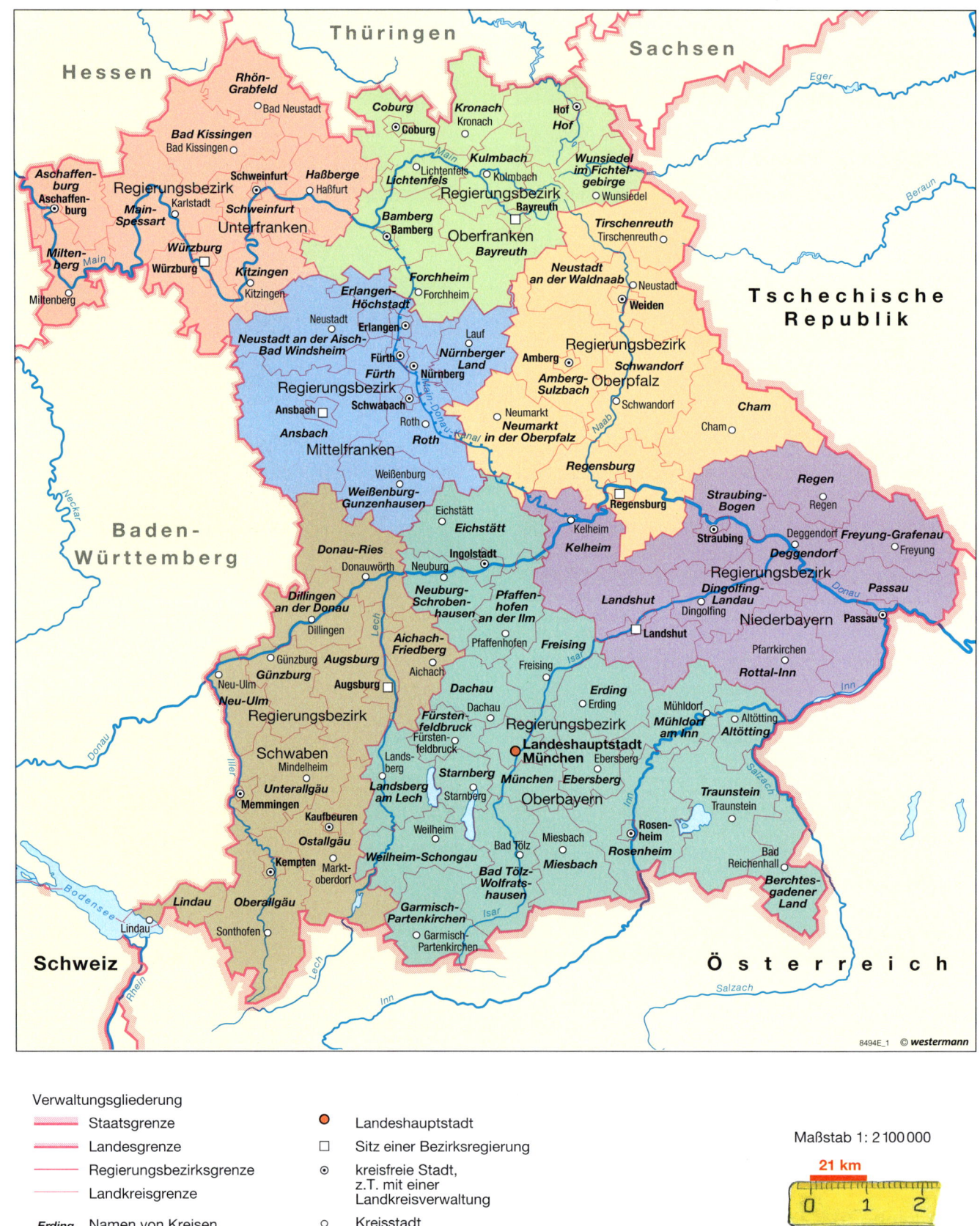

Verwaltungsgliederung

Staatsgrenze	
Landesgrenze	
Regierungsbezirksgrenze	
Landkreisgrenze	

Erding Namen von Kreisen

● Landeshauptstadt

□ Sitz einer Bezirksregierung

⊙ kreisfreie Stadt, z.T. mit einer Landkreisverwaltung

○ Kreisstadt

Maßstab 1 : 2 100 000

21 km

8494E_1 © westermann

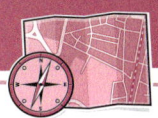

Die Hauptstädte der Regierungsbezirke

München

Regensburg

Landshut

Bayreuth

Ansbach

Würzburg

Augsburg

1. Ordne die Städte den sieben Regierungsbezirken in Bayern zu.

2. Suche deinen eigenen Landkreis auf der Karte.
   Benenne die Nachbarlandkreise.

3. In welchem Regierungsbezirk liegt dein Landkreis?
   Beschreibe seine Lage in Bayern.

→ Seite 6, 7

Deutschland

Die Bundesrepublik Deutschland ist in 16 Bundesländer gegliedert. Davon sind drei sogenannte Stadtstaaten: Berlin, Bremen und Hamburg. Die restlichen 13 sind Flächenstaaten. Bayern, Sachsen und Thüringen werden als Freistaaten bezeichnet. Sie haben dadurch jedoch keine Sonderrechte.

Europa

Zu Europa gehören mehr als 45 Staaten. Davon gehören 28 Länder
im Jahr 2015 zur Europäischen Union (kurz EU).
Die EU wurde 1992 als Zusammenschluss von zwölf Ländern
gegründet. Alle Mitgliedsstaaten dieser Gemeinschaft haben sich
verpflichtet, gemeinsam festgelegte Gesetze und Beschlüsse
einzuhalten. Diese setzen sich beispielsweise für die Einhaltung
der Menschenrechte und den Frieden ein.
In der EU leben insgesamt über 500 Millionen Menschen.
Innerhalb der EU kann man frei über die Grenzen fahren.
Auf Waren werden keine Zölle mehr erhoben. Ein Teil dieser
Länder hat sogar eine gemeinsame Währung, den Euro.

Welche Länder gehören eigentlich zur EU?

Reykjavik
Island

Atlantischer Ozean

Norwegen
Oslo
Schweden
Stockholm
Finnland
Helsinki

Nord-
see
Ostsee

Tallinn
Estland
Riga
Lettland
Litauen
Vilnius
zu Russland
Minsk

RUSSLAND

Kasachstan

Nord-
irland
Dublin
Vereinigtes
Königreich
Irland
Großbritannien
London

Dänemark
Kopenhagen

Niederlande
Amsterdam
Berlin
Brüssel
Belgien   Deutschland
Paris
Luxemburg
Luxemburg

Polen
Warschau

Weißrussland
(Belarus)

Kiew

Ukraine

Frankreich

Prag
Tschechische
Republik
Bern
Liechtenstein
Vaduz
Wien
Slowakei
Bratislava
Österreich
Budapest
Schweiz
Slowenien
Ljubljana
Ungarn

Moldau
Kischinau

Rumänien
Bukarest

Krim
(von Russland
kontrolliert)

Schwarzes Meer

Georgien

Armenien

Portugal
Lissabon
Madrid
Andorra
Monaco
San
Marino
Korsika
Rom
Vatikanstadt
Balearen
Sardinien
Italien
Sizilien
Zagreb
Kroatien
Bosnien
und
Herzegowina
Sarajevo
Montenegro
Podgorica
Serbien
Belgrad
Priština
Kosovo
Sofia
Skopje
Mazedonien
Tirana
Albanien
Griechenland
Athen
Bulgarien

Spanien

Straße von
Gibraltar

Mittelmeer

Nicosia
Zypern

Türkei

Syrien
Irak
Libanon
Israel
Jordanien

Marokko   Algerien

Maßstab 1 : 27 000 000
270 km
0 1 2 3

Valletta
Malta
Kreta

Tunesien

Libyen

Ägypten

© westermann   1851E_5

→ Seite 6

Kinder dieser Welt

Ich heiße Ida. In Schweden feiern wir Mittsommer, da wird es in der Nacht gar nicht richtig dunkel.

Ich bin Leon. Bei uns, im brasilianischen Regenwald, ist es feucht und heiß wie in den Tropenhäusern der botanischen Gärten in Deutschland.

Ich bin Maria. Mein Dorf in Chile liegt auf 3500 Meter Meereshöhe. Im März ist es ziemlich kalt bei uns. Mein Freund wohnt im Süden, da ist es wärmer.

Hallo, ich bin Oke. Um Weihnachten ist in Südafrika die beste Zeit zum Baden.

Mein Name ist Abasi. Hier in Kenia, am Äquator, haben wir keinen Sommer oder Winter. Nur Regenzeit und Trockenzeit.

1 Estland
2 Lettland
3 Litauen
4 Niederlande
5 Belgien
6 Luxemburg
7 Schweiz
8 Österreich
9 Tschechische Republik
10 Slowakei
11 Ungarn
12 Slowenien
13 Kroatien
14 Bosnien und Herzegowina
15 Montenegro
16 Albanien
17 Mazedonien
18 Kosovo
19 Serbien
20 Rumänien
21 Bulgarien
22 Moldau

Ich heiße Nino und wohne in Moskau. Im Sommer kann es hier sehr heiß werden, dafür aber auch sehr kalt im Winter.

Ich werde Malie genannt. Bei uns in Thailand scheint auch in der Regenzeit fast jeden Tag die Sonne.

Ich heiße Ella. Auf dem australischen Kontinent kannst du, je nachdem wo du bist, fast jedes Klima haben: heiß, kalt, feucht …

1. Versucht, mehr über das Land, in dem die Kinder wohnen, herauszubekommen. Wie sind die dortigen klimatischen Verhältnisse (Wetter, Temperatur, Jahreszeiten, …)?

→ Seite 6, 7, 11, 12

Landkarten lesen

Ein Quiz herstellen

Ihr braucht:
- Landkarten von den Seiten 98 bis 105
- Quizkarten in fünf verschiedenen Farben
- mehrere Mitspieler

So erstellt ihr die Quizkarten:
- Legt für jede Landkarte im Buch eine Farbe fest.
  Schaut euch die Landkarten genau an.
  Überlegt euch Aufgaben, die mithilfe der
  Landkarten zu lösen sind.
- Schreibt die Aufgaben jeweils auf die Vorderseite
  einer Quizkarte und die Lösung auf die Rückseite.
- Erstellt mindestens vier Quizkarten pro Farbe.

So wird gespielt:
- Legt die Karten nach Farben geordnet
  auf den Tisch. Zuoberst liegt eine
  unbeschriftete Karte, damit niemand
  die Aufgabenkarten im Voraus lesen
  kann.
- Jedes Kind zieht reihum eine Quizkarte.
  Kann es die Aufgabe beantworten, behält es
  die Karte. Weiß es keine Antwort, steckt es
  die Karte wieder unter den Stapel.
- Vereinbart eine Anzahl an Spielrunden.
  Wer am Ende die meisten Quizkarten besitzt,
  hat gewonnen.

AKTIV

Antwort

Iller, Lech, ...

Bayernkarte, Seite 98

Nenne vier Flüsse,
die von Süden her in
die Donau münden.

Bayernkarte, Seite 100

Welche
Regierungsbezirke
grenzen an ... ?

**Deutschlandkarte,
Seite 102**

Welche Bundesländer
grenzen im Norden
an Bayern?

**Weltkarte,
Seite 104 / 105**

Zu welchem Erdteil
gehört Venezuela?

Europakarte, Seite 103

Wie heißt die
Hauptstadt von ...?

Stadt, Land, Fluss

1. Spielt „Stadt, Land, Fluss".
   Überlegt, ob ihr die Zeit stoppen, alle Spalten füllen, alleine oder in Gruppen
   spielen möchtet. Ihr dürft die Landkarten dazu verwenden.

Stadt	Land (Staat)	Fluss/Gewässer		

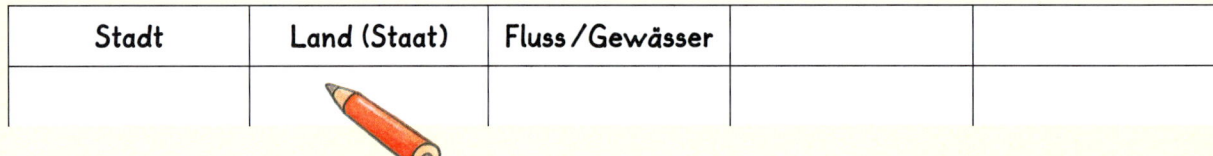

Eine Freizeitkarte erstellen

Auf Seite 41 hattet ihr die Aufgabe, verschiedene Freizeitmöglichkeiten in eurer Umgebung zusammenzutragen.

1. Erstelle nun eine Freizeitkarte für andere Kinder.

Lege zuerst eine grobe Handskizze an:
- Überlege dir einen Maßstab für deine Karte. Dieser soll ungefähr zeigen, wie weit die einzelnen Freizeitangebote von dir zu Hause entfernt sind.
- Beachte die Himmelsrichtungen beim Anlegen der Karte.
- Überlege dir Kartenzeichen und erstelle eine Legende.

Fertige aus deiner Skizze anschließend eine farbige Übersichtskarte an.
Du kannst deine Karte mit weiteren Erklärungen ergänzen:
- Falls du öffentliche Verkehrsmittel nutzen musst, kannst du Haltestellen einzeichnen.
- Nützlich könnten weitere Hinweise sein, wie Öffnungszeiten oder Eintrittspreise.

PLUS

AKTIV

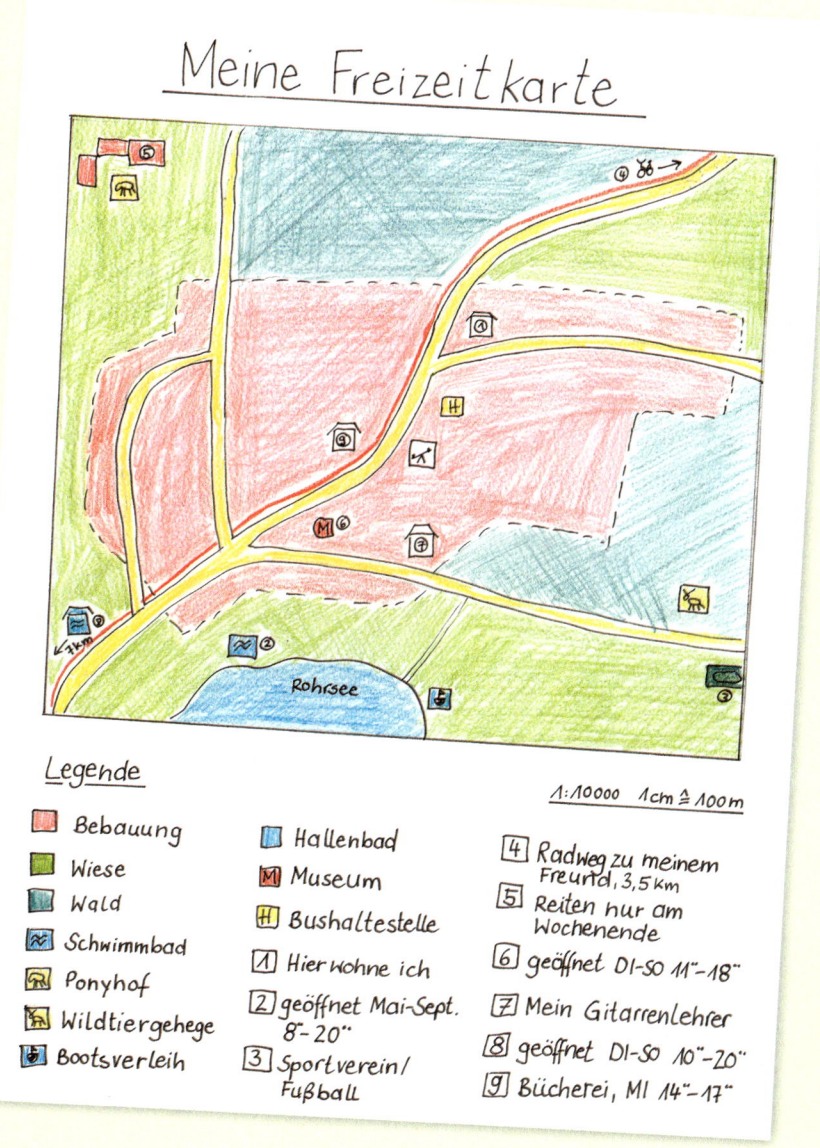

Menschen verändern ihre Umwelt

Bei uns wurde gerade ein Fluss rückgebaut ...

1. Gibt es solche Veränderungen auch in deiner Umgebung? Recherchiere und dokumentiere. Überlege, wen du dazu befragen kannst.

Naturschutzbehörde, Landrat oder Bürgermeister? Naturschutzbund? Vogelschutzbund? Anwohner? ...?

2. Warum wurden diese Veränderungen vorgenommen? Was haben sie bewirkt?

Der Fluss wurde rückgebaut, weil ...

→ Seite 6, 7, 13

Tu was für den Umweltschutz!

Moderne, maschinengerechte Landwirtschaft führt dazu, dass das Nahrungsangebot und die Nistmöglichkeiten für die Wildinsekten geringer werden. Anzahl und Vielfalt nehmen dadurch ab. Wildinsekten werden aber zum Bestäuben vieler Nutzpflanzen gebraucht. Für die Ansiedlung von Wildbienen könnt ihr einfache Nisthilfen bauen.

1. Ihr braucht:

Lochziegel mit Bambusstängeln

Holzklötze mit verschieden großen Bohrungen

Bündel aus Schilfrohr und dünnem Bambus

... und eine Holzkiste

Beachtet beim Bau der Nisthilfen:

- Die Öffnung der Röhren sollte unterschiedlich groß sein: zwischen drei Millimeter und zehn Millimeter.

- Jede Röhre muss an einem Ende verschlossen sein oder verschlossen werden, zum Beispiel durch Ton.

- Die Röhren sollten gerade liegen, an einem warmen, sonnigen Platz angebracht werden und vor Nässe geschützt sein.

Wichtig ist, dass alle Materialien Löcher haben.

Es gibt noch viele Möglichkeiten, wie ihr auf dem Schulgelände oder in eurer Nähe zum Schutz der Natur beitragen könnt.

Wir könnten eine Wildblumenwiese anlegen.

Wie wäre es mit einer Bachpatenschaft?

...

AKTIV

→ Seite 13

Natur schützen

In Bayern gibt es 18 Naturparks und zwei Nationalparks (Bayerischer Wald, Berchtesgaden). In diesen ausgewiesenen Gebieten werden selten vorkommende oder gefährdete Tier- und Pflanzenarten besonders geschützt. Dazu gehört auch der vom Aussterben bedrohte Luchs. Im Natur- und Nationalpark Bayerischer Wald werden seit über

20 Jahren Luchse angesiedelt. Auch der in Deutschland vom Aussterben bedrohte Fischotter kann im Nationalpark durch die optimalen Lebensbedingungen geschützt werden. Eine weitere wichtige Aufgabe von Naturparks ist es, Menschen die einheimische Tier- und Pflanzenwelt näherzubringen. Auch bieten diese Parks beste Möglichkeiten zum Wandern und zur Erholung.

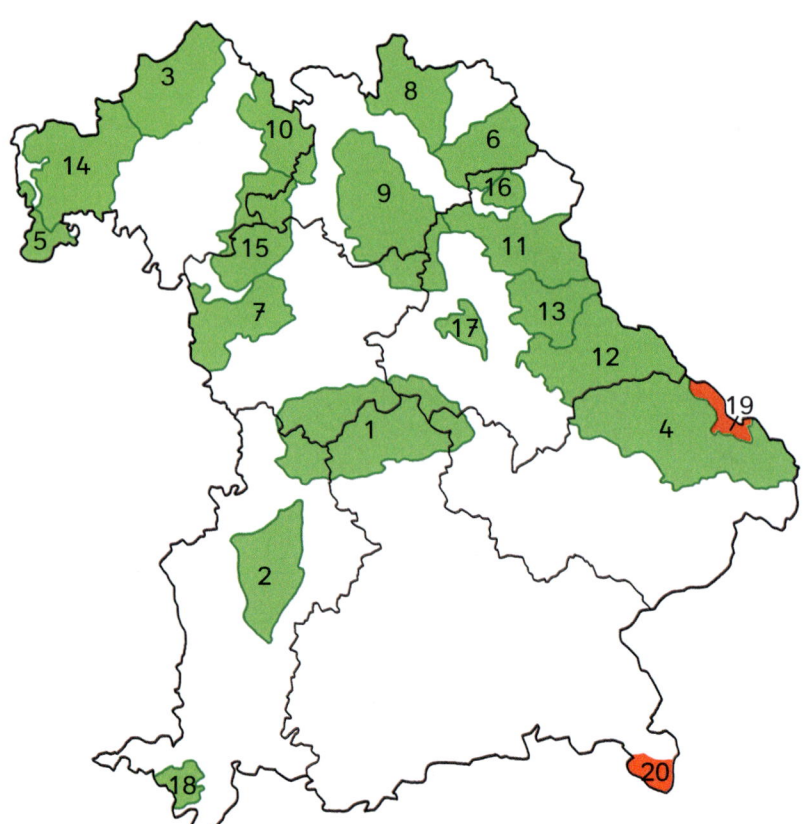

Naturpark

1. Altmühltal
2. Augsburg – Westliche Wälder
3. Bayerische Rhön
4. Bayerischer Wald
5. Bergstraße – Odenwald
6. Fichtelgebirge
7. Frankenhöhe
8. Frankenwald
9. Fränkische Schweiz – Veldensteiner Forst
10. Haßberge
11. Nördlicher Oberpfälzer Wald
12. Oberer Bayerischer Wald
13. Oberpfälzer Wald
14. Spessart
15. Steigerwald
16. Steinwald
17. Hirschwald
18. Nagelfluhkette

Nationalpark

19. Bayerischer Wald
20. Berchtesgaden

1. Hat jemand von euch schon einen Natur- oder Nationalpark besucht? Berichtet darüber.

2. Erkundigt euch, ob es in eurem Ort oder in eurer Gemeinde auch eine Aktion „Saubere Landschaft" gibt. Wie könntet ihr euch daran beteiligen?

In Bayern wird täglich die Fläche von 24 Fußballfeldern für Straßen, Plätze, Gebäude, Industrie, Gewerbe und Energieanlagen bebaut.

→ Seite 6, 7

Welterbe in Bayern

Welterbestätten 2016 in Bayern:
- Wieskirche in Pfaffenwinkel
- Altstadt in Bamberg
- Altstadt in Regensburg mit Stadtamhof
- prähistorische Pfahlbauten um die Alpen
- Limes
- Markgräfliches Opernhaus in Bayreuth
- Würzburger Residenz mit Hofgarten

United
Nations
Educational,
Scientific and
Cultural
Organization

Künstlerische, architektonische und technische Leistungen unserer Vorfahren zeigen uns, wie Menschen früher gelebt und was sie geleistet haben. Aus diesem Grund hat die UNESCO etwa 1 000 Gebäude, Orte und Regionen auf der ganzen Welt zum **Weltkulturerbe** erklärt. Das bedeutet, dass diese Stätten besonders geschützt und vor dem Verfall bewahrt werden. So können sie auch in Zukunft von kulturellen Leistungen der Menschen erzählen. 2016 gab es in Bayern sieben solcher Stätten.

1. Informiere dich über eine der Welterbestätten genauer und berichte.

   Der Limes war für die Römer ein Schutzwall gegen die Germanen. Er war etwa 550 Kilometer lang und ...

2. Welche Stätten in eurer Umgebung würdet ihr gerne schützen? Fotografiert sie. Gestaltet ein Plakat mit Fotos und Begründungen.

Was bedeutet der alte Friedhof für mich?

→ Seite 7, 10, 11, 12

Die Heimat verlassen

Lieber Lars,

nun schreibe ich dir endlich aus Hamburg.
Obwohl wir noch Sommerferien haben, hat sich schon
einiges für mich verändert.
Mir fehlt der Garten, in dem ich mit meinem Bruder und
manchmal auch mit Papa Fußball gespielt habe.
Papa möchte mich wieder bei einem Fußballklub anmelden.
Aber ob die einen guten Torwart brauchen?
Meiner Mama gefällt der neue Job. Deshalb sind wir
ja auch umgezogen.

Ich habe ein bisschen Angst vor der neuen Schule.
Ob die wohl meinen bayerischen Dialekt verstehen?
Nach der vierten Klasse kann ich hier mit meinen
Eltern entscheiden, ob ich eine Art Gesamtschule
oder ein Gymnasium besuchen möchte.
Besuche mich doch mal.

Viele Grüße
dein Tom

Unser Umzugswagen

Mein neues Zuhause

Chats Juliette

Hallo Julie, habe mich in Bayern schon gut eingelebt. Mein erster
Job als Ingenieur ist super. Nur die deutsche Sprache fällt mir noch
etwas schwer. In der Zeitung habe ich gelesen, dass in München
dringend Erzieherinnen gesucht werden. Wäre das nicht etwas
für dich? Dann könnten wir zusammenziehen. Adiós, Leo   11:09 ✓✓

Hey Leo, die Idee, dass ich nach Deutschland komme, gefällt mir
gut. Weißt du, wo ich mich bewerben muss? Deutsch habe ich ja
vier Jahre in der Schule gelernt. Au revoir, Julie   12:15 ✓✓

… ja klar, ich schicke dir per E-mail die Bewerbungsunterlagen.
Du hast bei der Stadt München gute Chancen. Mit der Wohnung
wird es etwas schwieriger, da die Mieten unglaublich hoch sind.
Hasta pronto, Leo   12:38 ✓✓

Interview mit Tamana Akbar

Schülerzeitung: Warum musstest du deine Heimat verlassen?

Tamana: Mein Papa hat als Dolmetscher für die deutschen Soldaten in Afghanistan gearbeitet. Deswegen wurde er bedroht und wir mussten unsere Heimat verlassen.

Schülerzeitung: Welche Folgen hatte die Flucht von Kabul nach Augsburg für dich?

Tamana: Für mich änderte sich schlagartig alles. Nach der Aufnahme im Flüchtlingslager mussten wir erst mal abwarten, dass der Asylantrag von meinem Papa bewilligt wurde. Erst dann konnten wir eine Wohnung für uns fünf suchen. Jetzt wohnen wir in der Nähe von Papas Arbeitsplatz.

Schülerzeitung: Konntet ihr schon deutsch sprechen, als ihr herkamt?

Tamana: Als Dolmetscher spricht mein Papa gut deutsch. Ich muss es jetzt ganz schnell lernen, damit ich in der Schule mitkomme. Auf der Mädchenschule in Kabul hatte ich zum Glück schon Englischunterricht.

Schülerzeitung: Welcher Religionsgemeinschaft gehört ihr an?

Tamana: Wir sind Moslems.

Tamanas alte Heimat

Sag mal, Lara, warum hast du denn an den Wochenenden fast nie Zeit zum Spielen?

Meine Eltern haben sich leider vor zwei Monaten getrennt. Mein Papa wohnt jetzt in Berlin. Dort hat er eine kleine Wohnung. Ich fahre alle zwei Wochen mit der Bahn zu ihm. ...

1. Bist du schon einmal umgezogen? Wie ist es dir ergangen?

2. Was wären deine Sorgen und Hoffnungen, wenn du in solch eine Situation kommen würdest?

3. Welche Gründe gibt es, die Heimat verlassen zu müssen?

→ Seite 13

Mobilität

Früher und heute

Transportmittel für Waren

1800

1930

1970

Der weite Weg der Bananen

Bananen werden grün und unreif geerntet, in Kartons verpackt und auf Schiffe verladen. Die weitere Reifung der Früchte wird in den Kühlräumen der Schiffe erst einmal unterbrochen. In Deutschland findet dann in speziellen Reiferäumen das eigentliche Reifen der Bananen statt. Es dauert 4–8 Tage. Vom Pflücken bis zur Anlieferung im Laden sind am Ende 14 Tage vergangen. Erst seit etwa 120 Jahren ist solch ein langer Transport möglich!

Anzahl der Pkws pro 1 000 Haushalte

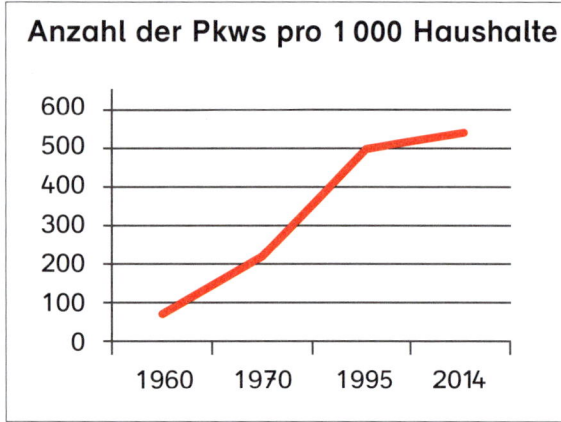

Internetzugang pro 100 Haushalte

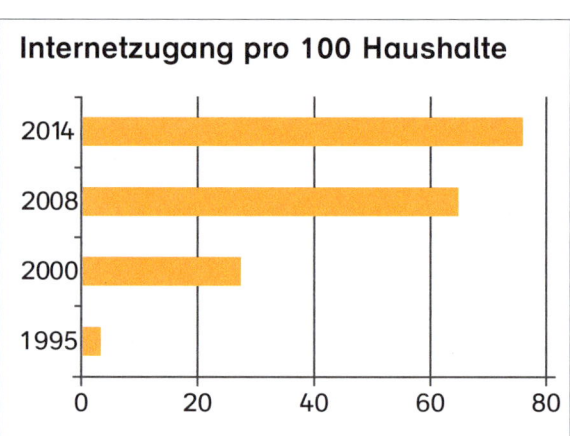

---

1. Welche Entwicklungen der Mobilität von Menschen, Waren und Informationen kannst du aus den Texten und Schaubildern entnehmen?

→ Seite 6

Mobilität im Alltag

1. Spielt diese Szenen weiter. Überlegt, was alles geschehen könnte.

AKTIV

2. Hätte es solche Situationen auch früher, zum Beispiel vor 60 Jahren, geben können? Befragt eure Eltern oder Großeltern.

3. Stelle dir vor ...

… es dürften in Deutschland eine Woche lang keine Pkws mehr fahren.
… das Internet würde für ein paar Tage zusammenbrechen.
… die Fahrerinnen und Fahrer von Bahnen und Bussen würden ein paar Tage streiken.

Welche Auswirkungen hätte das auf deinen Alltag?

→ Seite 13

Wie Kinder leben

Anna

Ich lebe mit meinen Eltern, meinen Großeltern und meinen Brüdern dort, wo andere Ferien machen.
Meine Brüder und ich müssen bei der Arbeit auf dem Hof mithelfen. Ich bin für die Fütterung der Hennen zuständig und helfe Oma im Garten.
Im Sommer haben wir meist Feriengäste zu Besuch. Wenn nette Kinder in meinem Alter dabei sind, spiele ich mit ihnen. Wir reiten auf meinem Pony oder bauen Dämme am Bach hinterm Haus.

Daniel wohnt in München in einem Haus mit vielen Wohnungen. Seine Eltern sind berufstätig und den ganzen Tag außer Haus. Deswegen geht er nach der Schule bis 17.00 Uhr in den Hort. Dort macht er Hausaufgaben, spielt mit anderen Kindern und treibt Sport. Zu Hause hat er ein eigenes Zimmer. Die Zeit bis zum Abendessen vertreibt er sich meist an seinem Computer. Er chattet mit Freunden und hat viele Spiele auf seinem Rechner.

Am Wochenende fahren wir mit dem Auto meist irgendwohin aufs Land.

Daniel

Dana

Voriges Jahr sind wir in unser neues Haus gezogen. Jetzt haben meine Schwester und ich jeweils ein eigenes Zimmer.
In der Schule habe ich schon viele Freundinnen. Wir besuchen uns oft nachmittags zum Spielen. Aber das geht leider nur mittwochs oder freitags, denn am Montag muss ich zum Gitarren- unterricht und am Dienstag habe ich Ballett. Am Donnerstag übe ich mit dem Singkreis für einen Auftritt im Gemeindesaal.

Tafari

Seit fünf Jahren lebe ich mit meinen zwei Geschwistern im Waisenhaus. Unsere Eltern sind leider verstorben. Im Schlafsaal habe ich eine eigene Lampe, damit ich lesen kann, wann ich will. In meiner Freizeit spiele ich mit meinen Freunden auf dem Bolzplatz Fußball. Kürzlich habe ich eine Auszeichnung für meine guten Schulleistungen erhalten. Später will ich einmal Lehrer oder Arzt werden. Deswegen lerne ich auch fleißig Englisch.

Ich wohne mit meinen Eltern in einem kleinen Haus. In der „Kaamos", der Polarnacht, wird es in unserer Gegend gar nicht so richtig hell. Dafür bleibt es lange kalt, und wir können meist bis in den April hinein auf dem See Eishockey spielen. In den Weihnachtsferien darf ich meinem Onkel dabei helfen, mit dem Schneemobil Rentiere zusammenzutreiben. Zum Geburtstag wünsche ich mir eine gute Angel. So kann ich selbst Fische fangen, die mir schmecken.

Matti

1. Was erfährst du über die Lebenssituationen der Kinder?
   Denke an Freizeit, Wohnung, Familie, Klima.

2. Vergleiche mit deiner Lebenssituation. Was ist ähnlich, was ist anders?

Wo Menschen wohnen

Slum in Mumbai, Indien

- Fast die Hälfte der Weltbevölkerung wohnt in Städten. Es gibt 20 Städte mit über zehn Millionen Menschen. (Tokio hat ca. 36 Millionen Einwohner.)

- 250 Millionen Stadtbewohner haben keinen Zugang zu sauberem Leitungswasser.

- 400 Millionen Stadtbewohner haben keine Toiletten.

- Über 600 Millionen Stadtbewohner leben in Slums.

➜ Seite 6, 13

→ Seite 4, 5

Wichtige Verkehrszeichen

Vorfahrtszeichen und Verkehrsregeln

1. Wer darf hier zuerst fahren? Wer muss warten? Begründe.
   Sortiere die Lösungsbuchstaben zu einem Lösungswort.

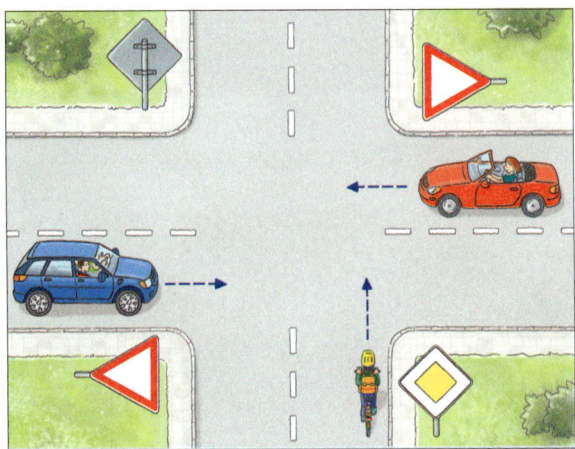

Der Radfahrer hat Vorfahrt. (R)
Die Autos haben Vorfahrt. (S)

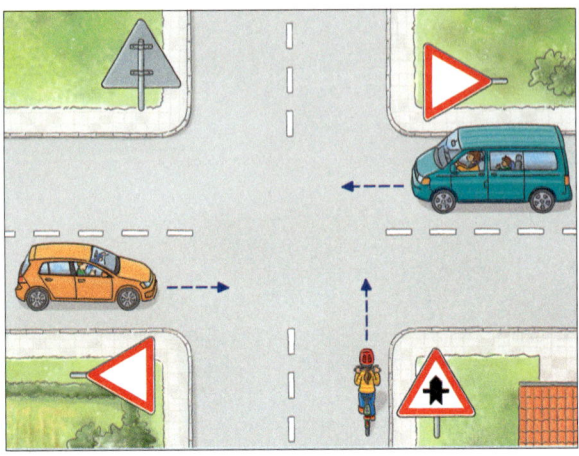

Der Radfahrer hat Vorfahrt. (G)
Die Autos haben Vorfahrt. (X)

Der Radfahrer hat Vorfahrt. (T)
Das Motorrad hat Vorfahrt. (D)

Der Radfahrer hat Vorfahrt. (W)
Das Auto hat Vorfahrt. (U)

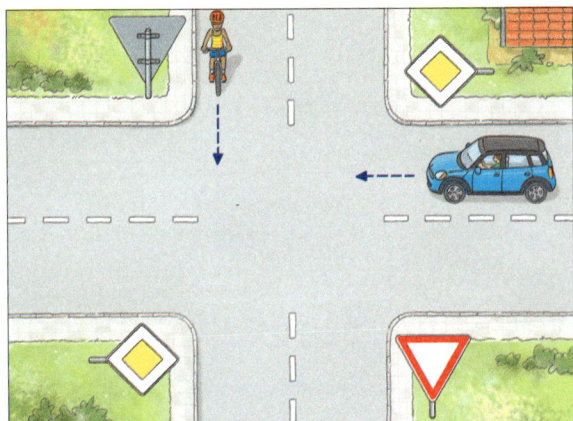

Der Radfahrer hat Vorfahrt. (B)
Das Auto hat Vorfahrt. (E)

... und wie ist es ohne Schilder?

Der Radfahrer hat Vorfahrt. (Z)
Das Auto hat Vorfahrt, dann der Radfahrer. (A)

→ Seite 13

Kreisverkehr und abknickende Vorfahrt

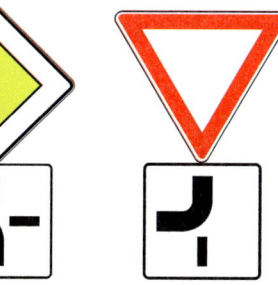

Oft ist an Schildern, welche die Vorfahrt regeln, ein zusätzliches Schild angebracht. Es zeigt, wie die Vorfahrtsstraße verläuft. Die erste Schilderkombination links zeigt dir, dass du bei der Einfahrt in einen Kreisverkehr allen anderen Verkehrsteilnehmern Vorfahrt gewähren musst.

1. In welcher Reihenfolge dürfen die Verkehrsteilnehmer hier fahren? Begründe.

2. Ihr könnt die Situationen von Seite 120/121 auch nachspielen.

→ Seite 13

So viele Verkehrszeichen!

1. Zeichne die Verkehrszeichen einzeln auf ein Papier. Schneide sie dann aus.

AKTIV

2. Welche Bedeutung haben die einzelnen Verkehrszeichen?
Schreibe die Texte einzeln auf ein Papier.
Ordne sie deinen ausgeschnittenen Verkehrszeichen zu.

Vorfahrt an der nächsten Kreuzung	Einseitig rechts verengte Fahrbahn	Unbeschrankter Bahnübergang	Einbahnstraße! Fahrtrichtung rechts
Ende der Vorfahrtsstraße	Achtung Gefahrenstelle!	Verbot für Fußgänger	Verbot für Radfahrer	Halt! Vorfahrt gewähren!
Verbot für Fahrzeuge aller Art	Verbot der Einfahrt	Dem Gegenverkehr Vorrang gewähren!	Dem Schienenverkehr Vorfahrt gewähren!
Vorfahrtsstraße	Verengte Fahrbahn	Vorfahrt gewähren!	Zusatzschild: Verlauf der Vorfahrtsstraße
Achtung Radfahrer!	Achtung Gegenverkehr!	Baustelle	

3. Welche Verkehrsschilder entdeckt ihr davon
auf eurem Schulweg oder in eurer Umgebung?
Fotografiert das Schild zusammen mit der Straße
oder Kreuzung. Ihr könnt die Stelle auch abzeichnen.
Besprecht die Bilder in der Klasse.
Überlegt, welche Verkehrsregeln dort jeweils gelten.

Ampeln und Polizisten

Wenn Ampeln in Betrieb sind, musst du dich nach ihnen richten. Sie heben die Vorfahrtsschilder auf. Das heißt, die Vorfahrtsschilder gelten dann nicht.

Halt!   Fertigmachen zum Anfahren   Freie Fahrt   Anhalten

An manchen Ampeln ist ein zusätzliches Schild mit einem grünen Pfeil darauf angebracht. Dieser zeigt an, dass Verkehrsteilnehmer auch bei rotem Ampellicht nach rechts abbiegen dürfen. Dies ist allerdings nur erlaubt, wenn sie zuvor an der Haltelinie anhalten und eine Behinderung oder Gefährdung der Fußgänger oder anderer Fahrzeuge nicht besteht.

Kann der grüne Pfeil auch nach links zeigen?

1. In welcher Reihenfolge dürfen die Verkehrsteilnehmer hier fahren?

 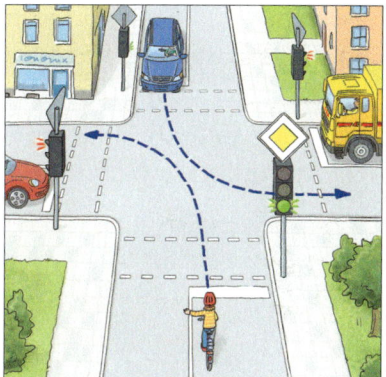

Regeln Polizisten den Verkehr, dann müssen sich sämtliche Verkehrsteilnehmer nach ihren Anweisungen richten. Die Anweisungen des Polizisten haben Vorrang vor Ampeln oder Verkehrsschildern.

Halt!
Der Verkehr von vorne oder hinten muss anhalten.

Achtung, Halt!
Du musst anhalten oder die Kreuzung räumen.

Freie Fahrt!
Du darfst fahren.

→ Seite 13

An einem Hindernis vorbeifahren

⑤ Gib mit deiner rechten Hand ein Zeichen und ordne dich wieder rechts ein.

④ Achte bei Baustellen immer auf Baustellenfahrzeuge und Bauarbeiter. Sie bewegen sich meistens!

③ Wenn dir kein Fahrzeug entgegenkommt, kannst du am Hindernis vorbeifahren. Halte seitlich etwa einen Meter Sicherheitsabstand zu dem Hindernis.

② Gib mit deiner linken Hand ein Zeichen.

① Sieh dich über deine linke Schulter um, ob von hinten ein Fahrzeug kommt.

Achtung Baustelle!

Einseitig rechts verengte Fahrbahn

Gegenverkehr hat Vorrang

1. Wie verhältst du dich hier richtig? Beschreibe genau.

Das kann gefährlich und teuer werden:
- Fahrradfahren ohne Klingel: 15 €
- nebeneinander mit dem Fahrrad fahren: 20 €
- Fahrradfahren mit Kopfhörer unter Beeinträchtigung des Gehörs: 10 €
- Radweg in nicht zulässiger Richtung befahren: 20 €

Diese Vergehen muss man erst ab 14 Jahren bezahlen.
Die Polizisten informieren allerdings die Eltern darüber.

→ Seite 13

Linksabbiegen

Linksabbiegen ist schwierig und gefährlich. Auch sichere Radfahrer sollten es nur machen, wenn wenig Verkehr ist. So verhaltet ihr euch dabei richtig:

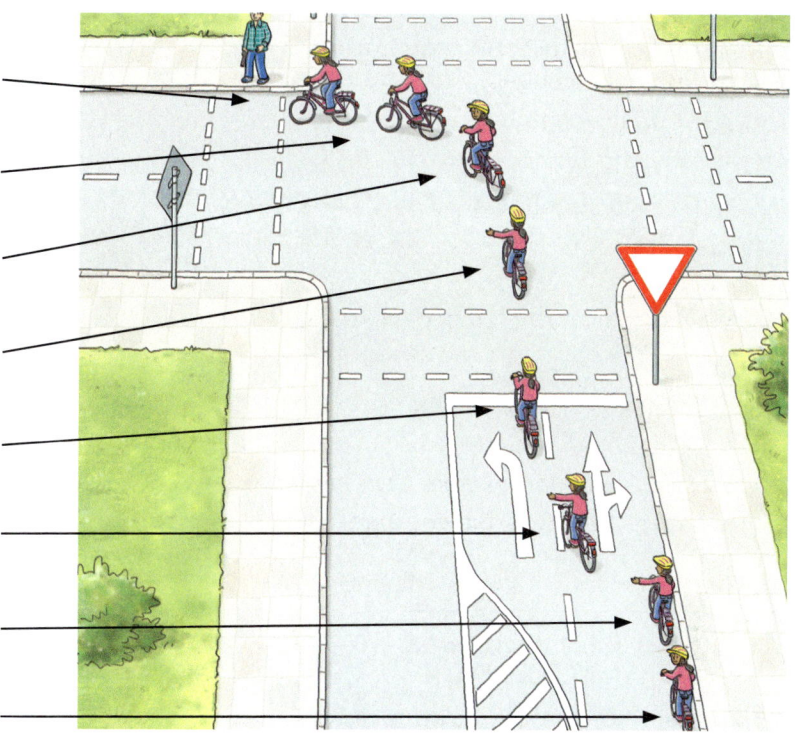

⑧ auf Fußgänger achten

⑦ im großen Bogen abbiegen

⑥ nochmals umschauen

⑤ Gegenverkehr vorbeilassen

④ Vorfahrtsregelung beachten

③ einordnen

② Handzeichen geben

① umschauen

Bei unübersichtlichen Kreuzungen mit viel Verkehr kannst du auch vom Fahrrad absteigen.
Du überquerst die Kreuzung dann wie ein Fußgänger, indem du dein Rad schiebst.

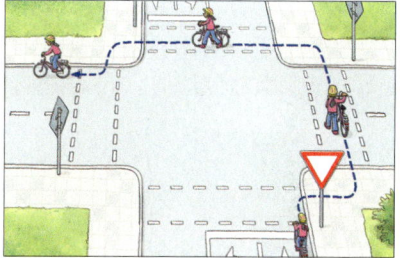

1. Beschreibe Schritt für Schritt, wie du beim Linksabbiegen jeweils vorgehst. Achte darauf, wer Vorfahrt hat. Zeichne weitere Verkehrssituationen auf.

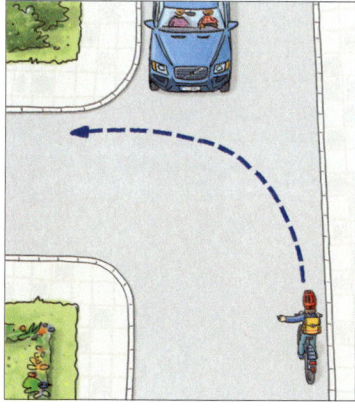  

2. Übt das Linksabbiegen ohne Fahrrad auf dem Schulhof. Überlegt euch dazu verschiedene Verkehrssituationen. Kontrolliert euch beim Üben abwechselnd.

→ Seite 13

Wohin? Womit? Nachdenken!

Wie gelangt man zu einem bestimmten Ziel? Jedes Verkehrsmittel hat Vor- und Nachteile. Je nach Situation muss man immer wieder neu entscheiden.

→ Seite 13

1. Besprecht in Gruppen eine der abgebildeten Situationen von der linken Seite. Sucht Vor- und Nachteile für die einzelnen Verkehrsmittel. Notiert die Vorteile auf grüne Karten, die Nachteile auf rote.

Denkt dabei an ...

Energieverbrauch

Bequemlichkeit

Sicherheit

Umweltbelastung

Gesundheit

Geschwindigkeit

und an ...

Wenn von 120 Personen jeder in einem Auto fährt, wird viel Platz benötigt. 120 Autos verbrauchen auf der Strecke von München nach Berlin zusammen etwa:

Fahren 120 Personen mit einem ICE-Zug, benötigen sie Platz in knapp zwei Waggons. Diese verbrauchen auf der Strecke von München nach Berlin etwa:

120 Personen passen auch in zwei Busse. Diese verbrauchen auf der Strecke von München nach Berlin etwa:

120 Personen passen auch in ein Flugzeug. Ein kleineres Flugzeug verbraucht auf der Strecke von München nach Berlin etwa:

5400 l

2000 l

350 l

5000 l

2. Macht eure Ergebnisse an einer Tafel sichtbar.

→ Seite 13

Herstellung eines Dirndls

Dirndl gehören zum bayerischen Brauchtum. Sie sind derzeit aber auch groß in Mode und werden auf vielen Volksfesten in Bayern und ganz Deutschland getragen. Mittlerweile sind die Kleider zum Massenprodukt geworden. Durch die große Nachfrage ist ein neuer Industriezweig entstanden, der neue Arbeitsplätze geschaffen hat.

Die Stoffherstellung in einer bayerischen Weberei und Färberei

Weben des Stoffs aus Baumwollgarn

Färben des Stoffs in Maschinen

Die Dirndl-Produktion in einer bayerischen Firma

Skizze des Dirndl-Schnitts

Auswahl der Stofffarbe und Stoffqualität

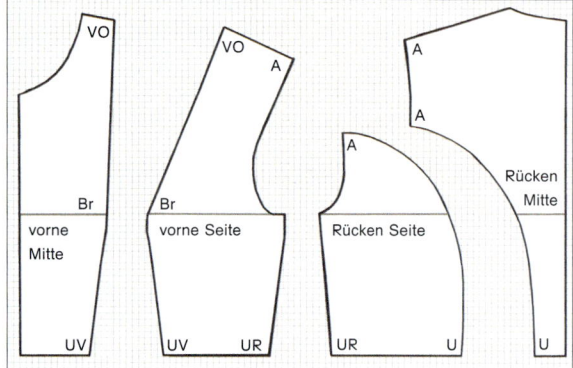

Erstellung des Schnittmusters

Zuschnitt des Stoffs mithilfe des Schnittmusters

Nähen des Stoffs

Einreihen des Rocks

Annähen der Haken und Ösen

Anprobe der fertigen Kleider

Die Dirndl-Herstellung in China oder Indien

Viele Kundinnen möchten nicht viel Geld für ein Dirndl ausgeben. Ihnen ist die Qualität auch nicht ganz so wichtig. Deshalb werden viele Kleider in China oder Indien genäht. Auch die Stoffe werden häufig im Ausland gefertigt. In diesen Ländern sind die Arbeitslöhne für die Herstellung der Stoffe und das Nähen der Kleider niedriger. Allerdings sind die Arbeitszeiten dort oft länger als bei uns. Auch der Gesundheitsschutz für die Arbeitenden ist meist schlechter. So leiden viele unter der hohen Lärm- und Schadstoffbelastung. Zudem wird der Umweltschutz in den Fabriken oft nicht beachtet.

Näherei in China

Färberei in Indien

1. Sollen Dirndl in Deutschland oder im Ausland angefertigt werden?
   Denkt bei eurer Bewertung an Preis, Qualität, Arbeitsplätze, Umweltschutz
   und die Arbeitsbedingungen bei der Herstellung.

→ Seite 6, 13

Herstellung einer festlichen Herrentracht

Die Anfertigung in einer bayerischen Schneiderei

Stoffauswahl mit Kunde

Maßnehmen

Schnittmustererstellung

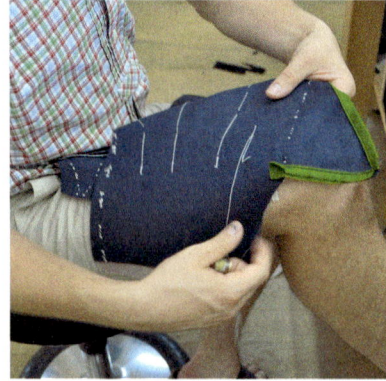
Reihen des Innenfutters

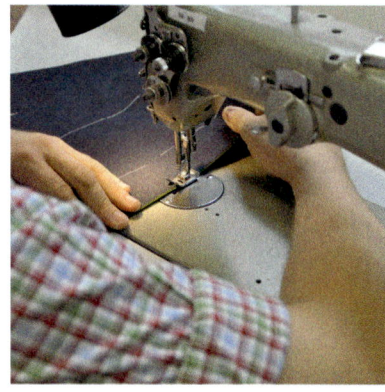
Nähen des Innenfutters

In-Form-Bügeln der Stoffteile

Anpassen der Futterteile

Bügeln der fertigen Jacke

Anprobe

Auch für Herren werden Trachten in China, Indien oder Bangladesch hergestellt.

1. Erläutere die Anfertigung einer Herrentracht Schritt für Schritt mit eigenen Worten.

2. Vielleicht habt ihr die Möglichkeit, einen Industrie- oder einen Handwerksbetrieb vor Ort zu besuchen. Welche Fragen wollt ihr stellen?

Wie soll ich mich entscheiden?

Am liebsten würde ich die teure Jacke nehmen, aber ...

Gestern habe ich im Supermarkt ein T-Shirt für 3,99 € gesehen.

Meine Mutter sagt immer, man solle nur Produkte mit Zertifikat kaufen.

Ich weiß nicht, was besser ist und was ich nehmen soll.

Wenn ich das billigste Produkt nehme, kann ich mir mehr Teile kaufen.

Ich trage so gerne die Pullis, die meine Oma gestrickt hat.

Die Arbeiterinnen in Asien bekommen kaum Geld für die Herstellung der billigen T-Shirts.

... aber dafür werden dort doch Arbeitsplätze geschaffen!

Manche Arbeitsplätze erfüllen aber nicht einmal die notwendigen Sicherheitsbedingungen.

Mir ist es egal, wie die Kleider hergestellt werden.

Wie können denn Kleider umweltfreundlich hergestellt werden?

1. Welchen Aussagen könntest du zustimmen?
   Welchen würdest du widersprechen? Diskutiert in der Klasse.

2. Wie kannst du herausfinden, wie Kleidungsstücke hergestellt wurden?

→ Seite 6, 7, 13

In jedem Regierungsbezirk Bayerns gibt es viele berühmte alte Schlösser, Burgen, Kirchen, Gebäude, Türme und Brücken.

Die Steinerne Brücke in Regensburg wurde zwischen 1135 und 1146 gebaut. Kennzeichnend sind ihre steinernen Rundbögen. Bei ihrer Fertigstellung war sie die einzige Brücke über die Donau zwischen Ulm und Wien. Heute ist sie die älteste noch erhaltene Steinbrücke Deutschlands. Die Pfeiler werden durch künstlich angelegte Inseln vor der Strömung geschützt.

Das Alte Rathaus in Bamberg wurde auf einer künstlichen Insel gebaut. 1668 wurde an den Brückenturm ein Fachwerkhaus angehängt. Das Gewicht des Fachwerkhauses wird durch die gerade und schräg verlaufenden Holzbalken getragen. Als Hauswand dienen die weißen Lehmwände. Aus der Fachwerkbauweise hat sich die heutige Skelettbauweise entwickelt.

Schloss Hohenschwangau bei Füssen ließ der spätere bayerische König Maximilian II. im Baustil der Neugotik umbauen. Fertigstellung war 1837. Das Schloss nutzte er als Sommerresidenz. Mit seinen vielen Türmen und Fenstern sieht das Bauwerk sehr verspielt aus.

Das Olympiastadion in München wurde für die Olympischen Spiele im Jahre 1972 gebaut. Das weltweit bekannte und neuartige Dach entwarf der Architekt Frei Otto. Mit Draht und Seifenlauge experimentierte er so lange, bis er die optimale Form des Daches fand. Frei Otto wollte mit modernen Materialien Formen aus der Natur nachbilden.

Die Stadtmühle in Dinkelsbühl wurde ab dem Jahr 1378 vorwiegend aus Steinen und Mörtel gebaut. Mit Wassergraben, Wehrgang und Schießscharten ähnelt die Mühle einer Festung. Das heute denkmalgeschützte Bauwerk bot der Stadt früher Schutz vor Angriffen. Bis 1970 war die Mühle noch in Betrieb.

Die Würzburger Residenz wurde von 1720–1744 als Schloss der Würzburger Fürstbischöfe gebaut. Sie gehört in Europa zu den bedeutendsten barocken Schlossanlagen. Dem Architekten Balthasar Neumann gelang es, trotz unterschiedlicher Wünsche der Bauherren, ein einheitliches Gebäude aus Stein und Glas errichten zu lassen.

Der Dom St. Stephan in Passau ist eine barocke Bischofskirche, die ab 1668 wiedererbaut und erweitert wurde. Hier verbinden sich zwei Baustile zu einem harmonischen Miteinander: Von außen lässt der spätgotische Bau nicht erahnen, dass innen ein prachtvoller Barockraum mit Engeln, Skulpturen und Goldverzierungen zu finden ist.

Für jede Art zu bauen gibt es gute Gründe. Sicher gibt es auch in deiner Umgebung besondere Bauwerke. Was kannst du über sie herausfinden?

→ Seite 4, 5

Brücken bauen aus Papier

Falttechniken

Mit verschiedenen Falttechniken kannst du ein Stück Papier so stabil machen, dass du daraus verschiedene Brücken bauen kannst.

Rund-Profil
Das Rund-Profil wird stabiler, wenn man mehrere Rollen zusammenklebt.

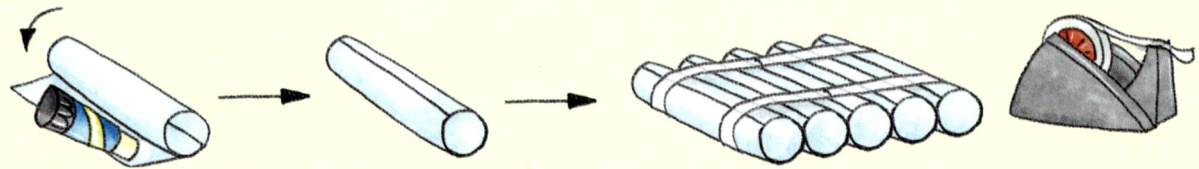

Vierkant-Profil
Zum Tragen von größeren Lasten kann man Vierkant-Profile zusammenkleben.

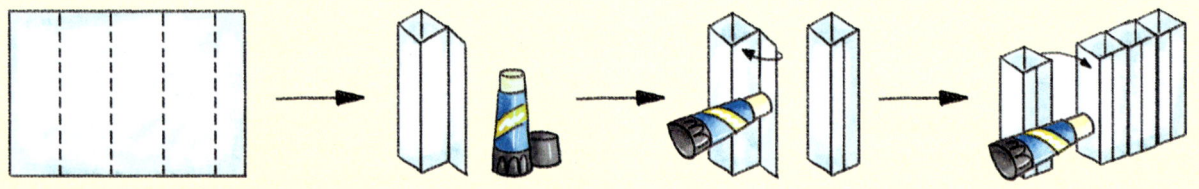

Dreikant-Profil
Auch dieses Profil wird durch das Zusammenkleben stabiler. Achtet auf die Anordnung.

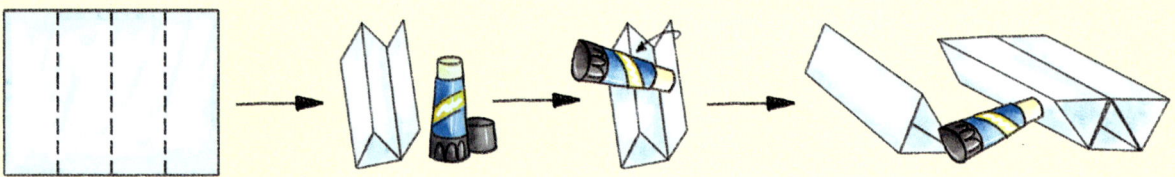

Zickzack-Profil

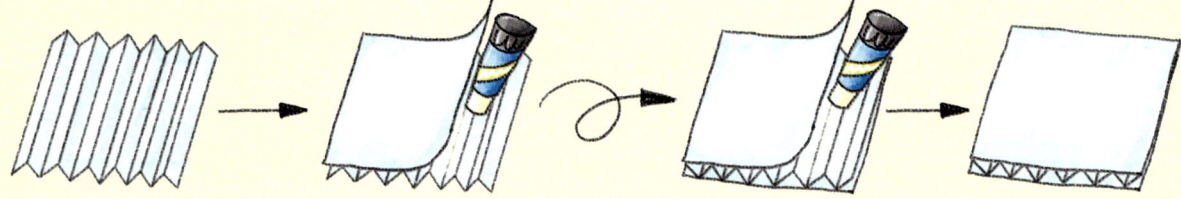

Weitere Falttechniken L-Profil U-Profil T-Profil

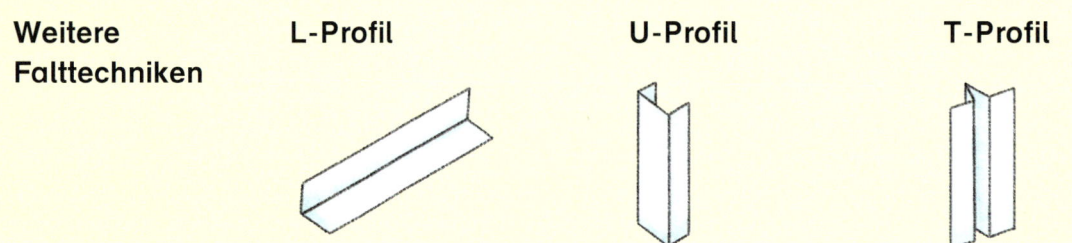

Welche Papierbrücke trägt die meisten Spielzeugautos?

1. Baut eine 10 Zentimeter hohe Brücke aus Papier. Die Fahrbahn soll genau
   20 Zentimeter lang sein. Ihr dürft insgesamt 20 DIN-A4-Blätter verwenden.
   Die Brücke soll möglichst viele Spielzeugautos tragen können.
   Ihr dürft beim Bau auch Klebefilm und Kreppband verwenden.

Wo setzen wir die Pfeiler hin?

Das Zickzack-Profil könnten wir verwenden für ...

Die Pfeiler werden stabiler, wenn ...

2. Führt eine Testreihe mit euren fertig
   gebauten Brücken durch:
   Stellt auf jede gebaute Brücke
   nacheinander dasselbe Spielzeugauto.
   Notiert in einer Tabelle, welche Brücke
   das Gewicht hält.
   Führt den gleichen Test mit zwei, drei,
   vier, ... Spielzeugautos durch.
   Haltet auch hierfür die Ergebnisse fest.

	1 Auto	2 Autos	3 Autos
Brücke 1	✓	✓	—
Brücke 2	—		
Brücke 3	✓	✓	

Nehmt immer die gleichen Spielzeugautos.
Was braucht ihr noch, damit der Vergleich fair wird?

3. Welche Brücke trägt am meisten Spielzeugautos?
   Begründet mit der Bauweise. Wie könnte man die anderen Brücken verbessern?

4. Fertigt einfache Zeichnungen
   eurer gebauten Brücken an.
   Schreibt für die anderen Kinder
   eine Bauanleitung.

Bauanleitung:
1. Baue zuerst vier Pfeiler aus Papier.
2. Falte für die Fahrbahn das Papier so, dass ...

5. Überlegt, warum bei Aufgabe 1 das Material für die Brücke vorgegeben wurde.

→ Seite 8, 13

AKTIV

Brücken bauen mit Holz

Die Leonardo-Brücke wurde von Leonardo da Vinci erfunden. Er lebte von 1452–1519 in Italien und war als Ingenieur, Architekt, Maler und Erfinder tätig. Er wird daher auch als Universalgenie bezeichnet.
Die Leonardo-Brücke besteht nur aus Holzbrettern. Diese werden ohne Hilfe von Schrauben oder Klebstoff so angeordnet, dass sie sich gegenseitig stabilisieren.
Die Brücke wurde eigentlich als transportable Brücke für Soldaten erfunden, damit diese Hindernisse einfach überwinden können.

1. Baut mithilfe der unten stehenden Anleitung eine Leonardo-Brücke.

Ihr braucht mindestens 30 Holzleisten (etwa 5 mm dick, 30 cm lang, 2–3 cm breit).
Die Höhe und Länge der Brücke bestimmt ihr durch Anzahl und Länge der Holzleisten.

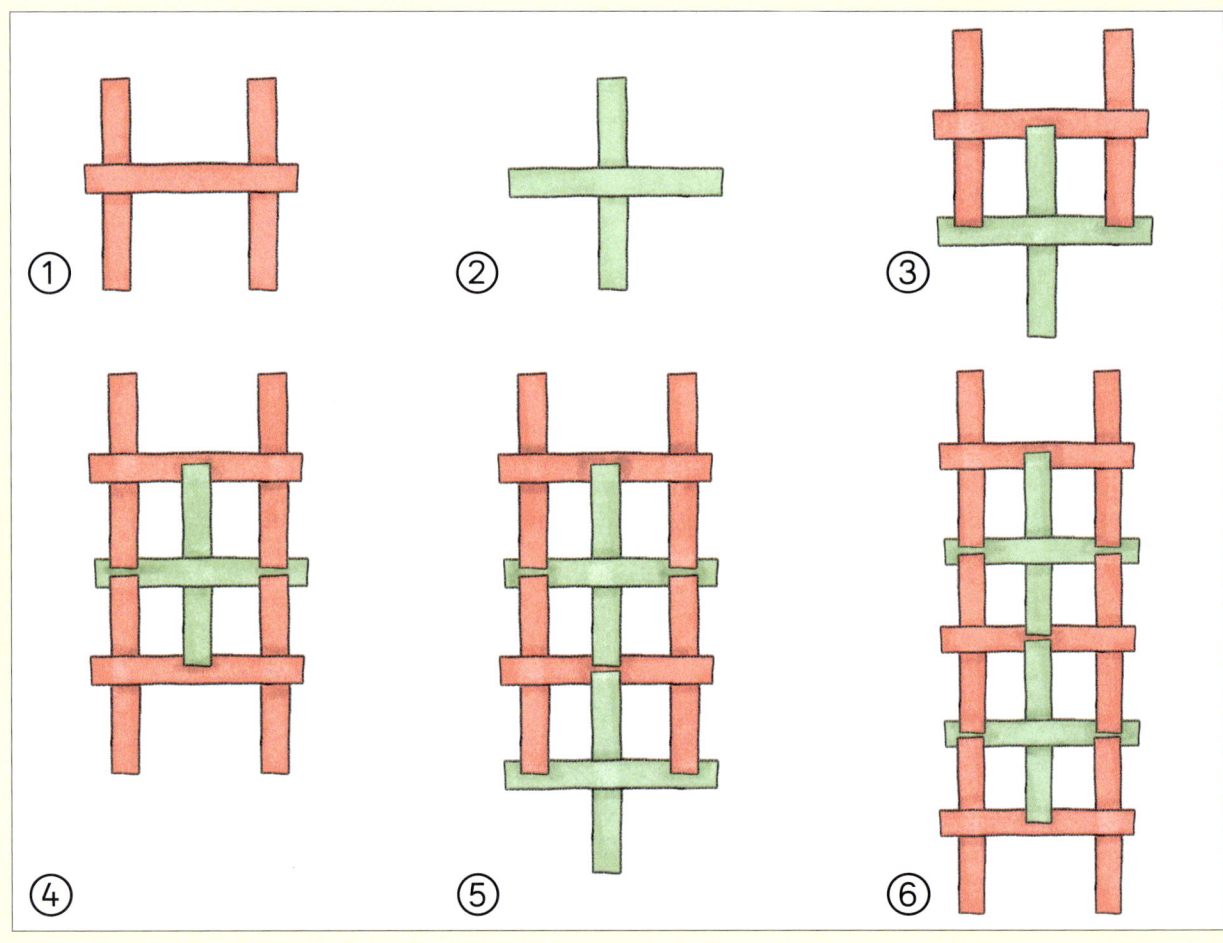

2. Versucht, mit weiteren Holzleisten die Belastbarkeit der Brücke zu erhöhen. Überlegt, warum die Brücke stabil ist.

3. Zeichnet eure gebaute Leonardo-Brücke.

Brücken bauen mit verschiedenen Materialien

AKTIV PLUS

1. Versucht, mit den Materialien die oben abgebildeten Brücken nachzubauen. Überlegt, für welche Brücke welches Material geeignet ist.

2. Denkt euch Tests aus, um die Stabilität eurer gebauten Brücken zu überprüfen.

 → Seite 8

Verschiedene Brücken

Seit Jahrtausenden bauen Menschen überall auf der Welt Brücken. Warum eigentlich?

Beim Bau einer Brücke müssen Ingenieure genau berechnen, wie die Lasten über
die Tragkonstruktion und das Fundament in die Erde eingeleitet werden.
Je nach Gegebenheit des Geländes und vorhandenen Materialien wurden im Laufe der Zeit
verschiedene Bauweisen von Brücken entwickelt. Das älteste Brückenbaumaterial war Holz.

Fahrbahn
(Aufleger)

Stützen/
Pfeiler

Fundament

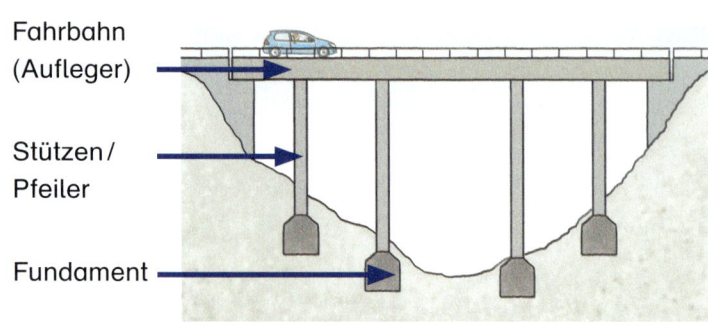

Wie heißt die Brücke,
die zwei Kontinente
miteinander verbindet?

Balkenbrücke
Die einfachste und bestimmt
älteste Form einer Brücke ist
die Balken- oder Auflegerbrücke.
Die Fahrbahn wird Stück für
Stück auf Pfeiler (auch Pylonen
genannt) gelegt, die deren
Gewicht tragen.
Das Gewicht wird über
die Pfeiler ins Fundament
abgeleitet.

Europabrücke bei Innsbruck, Fertigstellung 1963
(höchste Balkenbrücke Europas)

Bogenbrücke
Eine Bogenbrücke besteht aus
einem oder mehreren Bögen.
Das Gewicht der Baumaterialien
wird über den Bogen auf die
Stützen und auf das Fundament
verteilt.
Über viele Jahrhunderte konnte
man nur mit Bogenbrücken
größere Spannweiten erreichen.

Aquädukt-Brücke Pont du Gard in Südfrankreich,
vermutlich im ersten Jahrhundert nach Christus gebaut

Hängebrücke

Hängebrücken bestehen aus
hohen Pfeilern, über die Drahtseile gespannt werden.
Die Fahrbahn wird an dünneren
Drahtseilen eingehängt.
Mit Hängebrücken können heute
die größten Spannweiten
überbrückt werden. Über
die Drahtseile wird das Gewicht
der Brücke und der Fahrbahn
auf die Pfeiler und auf die
Fundamente übertragen.

Golden Gate Bridge in San Francisco,
Fertigstellung 1937

Fachwerkbrücke

Eine Fachwerkbrücke wird durch
ihre vielen Verstrebungen stabil.
Wie eine Balkenbrücke liegt sie
seitlich auf. Durch die schrägen
Pfosten leitet sie ihr Gewicht
nach außen ab. Mit dieser
Brückenbauart konnte man
Material einsparen. Früher gab es
viele Fachwerkbrücken aus Holz.
Heute werden viele Eisenbahn-
brücken aus Stahl in dieser Art
konstruiert.

Fachwerkbrücke über den Golf von Korinth

Besondere Brücken

Höchste Brücke Europas: Viaduc de Millau
(Frankreich), 270 Meter hoch

Die längste Brücke Europas: Ponte Vasco
da Gama (Portugal), 17 Kilometer lang

→ Seite 6, 7

Ein Blick zurück

Welche Erinnerungen hast du an deine Grundschulzeit?

1. Haltet eure Erinnerungen fest.

Wie geht es jetzt weiter?

1. Schaut gemeinsam das Inhaltsverzeichnis und die Seiten eures Heimat- und Sachunterrichtsbuches an.
   Welchen neuen Fächern könnt ihr die gelernten Themen zuordnen?

2. Auf welches Fach freust du dich besonders? Warum?

3. Was nimmst du dir für dein eigenes Lernen an der neuen Schule vor?

Abbildungsverzeichnis

Textquellen

S. 21 (Kurzfassung der Kinderrechte): Makista e.V., Frankfurt. S. 32: Deutsche Umwelthilfe 2015. S. 106 (oben): Jörg Hilbert und Felix Janosa: Ritter Rost Kochbuch, Terzio 2004. S. 106 (mitte): Der kleine Ritter Trenk und das ganze Leben im Mittelalter, Oetinger 2012, 1. Aufl., S. 153. S. 106 (unten): Thilo: Der Rostige Robert und elf zufällige Zufälle, Loewe 2005, 3. Aufl., S. 11/12. S. 107 (oben): Willi Fährmann: König Artus und sein Zauberer, Arena 2004, 1. Aufl., S. 113. S. 107 (mitte): Anu Stobner: Robert und die Ritter, dtv 2011, S. 52.

Abbildungen

Advantage Media Services, Vechta: M. Niehues 59 o.r. I akg-images GmbH, Berlin: E. Lessing 87 o.r. I alamy images, Abingdon/Oxfordshire: 24 M.l., 24 M.r., 44.2, 46.4, 46.5, 51.1 (Schilfrohrsänger), 88 Steinmetz, 90.2, 104 Abasi, 104 Ida, 104 Leon, 104 Maria, 105 Ella; Danita Delimont 55.3; Gerd Weissing, Prisma Bildagentur AG 52.7; Jopnathan Fontaine/NurPhoto/ZUMBAPRESS 22 M. I Archäologische Staatssammlung -Museum für Vor- und Frühgeschichte, München: 80.1. I Arena Verlag GmbH, Würzburg: 91 o.r. I Bahnmüller, Geretsried: 113.2. I Bayerisches Landesamt für Denkmalpflege, München: 81.7. I Big Dutchman International GmbH, Vechta: 54.3, 58 u.r. I Bildagentur Geduldig, Maulbronn: 110.6. Ibildagentur-online GmbH, Burgkunstadt: 55.4. I Braun, Kirsten, Wolfenbüttel: 45 u.r., 50 u.r., 63.1, 63.2, 63.3, 63.4, 92 u.l., 107, 123 u.r., 125.1, 125.2, 125.3, 125.4, 125.5. I Carlsen Verlag GmbH, München: 90.1. I Caro Fotoagentur, Berlin: Teich 54.7. I Colourbox.com, Odense: 55 Getränk, 65.4, 67.4, 74 u.M., 67, 74. I Deutsche Bahn AG, Frankfurt: 55.7. I Deutsche Bahn AG/Mediathek, Frankfurt/M.: Christian Bedeschinski 81.9. I European Union, Brüssel: 1995-2013 31 M.r. I F1online digitale Bildagentur GmbH, Frankfurt/M.: 46.1; Jogschies 65.5. I Fnoxx, Stuttgart: Hettrich 54.6. I Fotofinder GmbH, Berlin: Henri Tabarant/OnlyFrance.FR 141 u.l. I fotolia.com, New York: Titel; Aintschie 46.6; AK-DigiArt 124.1 p; Alex Vidler 51.1 (Blesshuhn); altanaka 65.2; artcomedy 53.9 a; atoss 60 Mais; Barbara Pheby 60 Roggen; Bergringfoto 52.5; Bobo 114 o.r.; branex 61 o.l.; by-studio 58 M.; CeHa 99.1; Christian Musat 51.1 (Biber); Coloures-pic 78 u.l.; countrypixel 61 M.r.; createur 53.3 a, 53.9 b; Daniel Ernst 114 u.r.; dieter76 51.2 o.M.; Edler von Rabenstein 80.5; ernstboese 54.4; EvrenKalinbacak 55, 77 u.l., 55.6; Fotohay 101.4; Freesurf 134.3; Ingo Bartussek 55.1, 58.1, 110.2; ivo188 56 o.r.; iza miszczak 141 M.r.; jamenpercy 119 M.r.; Kara 110.4; kingan 54.5; Kropp, Marty 58.2; LianeM 134.2; LVDesign 55.8; made_by_nana 124.1 a, 124.1 j; markus marb 123 a, 124.1 i, 123 b, 124, 124, 124, 124.1 b, 124.1 r; markus_marb 124.1 m, 126.3, 126; milkovasa 74 u.r.; mojolo 113.4; moonrun 24 England-Flagge; msk.nina 51.2 (Hagebutte); murle 110.1, 110.3; naftizin 67.4; nikonomad 110.9; nmann77 81.8, 113, 135.1, 135.2; Otto Durst 48 o.l., 81, 134.6, 134.1; ovydyborets 57 o.l.; panuruangjan 94 u.l.; Petair 110.8; PictureP. 124.1 n; playstuff 124.1 d, 124.1 e, 126.2, 126.1; reeel 124.1 c, 124.1 f, 124.1 g, 124.1 h, 124.1 l, 124.1 o, 126; Rovagnati, Julián 79 o.M.; Schliemer 53.9; Skrolan Krabi 61 u.l.; Stihl024 61 o.r.; strubel 53.5; taki 139 M.l.; Teteline 123 d; Thorsten Schier 110.7; Tieck, Michael 51.2 u.l.; TwilightArtPictures 55.10; vektorisiert 124.1 s; vieraugen 99.2; Wolfgang Jargstorff 61 u.r.; womue 54 Salat; © MasterLu 141 o.r. I Fuchs, Michael, Remseck a. Neckar: 97.1, 97.2, 97.3, 97.4, 97.5, 97.6. I Getty Images, München: Alexander Körner 22 o.l.; Andrew Aitchison/In Pictures 22 u.r.; Richard Morrell 55.2. I Hasler, Gunther, Langerringen: 48 o.M. I Interfoto, München: Bildarchiv Hansmann 87 u.r., 89 o.r.; Christian Bäck 10 u.l., 113.5; imageBROKER/K.-W. Friedrich 88 Hufschmied; imageBROKER/Katja Kreder 113.7; imageBROKER/Kiefer, Stefan 80.3; ImasgeBROKER/Siepmann 140 M.r.; Sammlung Rauch 89 M.r.. I iStockphoto.com, Calgary: 26 M.l., 46.3, 115 u.l., 115 u.r., 118 Anna, 118 Dana, 118 Daniel, 119 Matti, 139 M.r., 139 o.l., 141 u.r.; futureimage 51 u.r.; Katarzyna Bialasiewicz 53.8. IKeystone Pressedienst, Hamburg: Mario Vedder 62 M.l. IKlohn, Werner Prof. Dr., Vechta: 108.2. IKramer, Matthias, Eurasburg: 111 u.l., 111 u.r. I Kreuzer, Bernd, Fuldatal: 88 Wahrsager. I Kulturamt Kempten, Kempten (Allgäu): 80.4. I Kulturreferat Bezirk Mittelfranken, Ansbach: 135.1. I laif, Köln: FabrizioVilla/Polaris 11 o.l.; Julien Pebrel/M.Y.O.P. 119 o.l.; Karl-Heinz Raach 24 u.r.; Martin Kirchner 130.2; Tobias Gerber 113.3. I Landesamt für Digitalisierung, Breitband und Vermessung, München: 93 u.l., 96 o., 96 M.r., 95 M.l., 95 M.r., 95 o.l., 95 o.r., 95 u.l., 96 M.M. I Loewe Verlag GmbH, Bindlach: THiLO: Der rostige Robert und elf zufällige Zufälle, Illustrationen von Leopé, 2003 90.4. ILookphotos, München: H. & D. Zielske 113.6. I mauritius images GmbH, Mittenwald: 114 M.r.; Christian Bäck 118 o.l.; imageBROKER/Creativ Studio Heinemann 60 Gerste; imageBroker/Stefan Arendt 67.3; imageBROKER/Valentin Wolf 88 Feuerschlucker; Reinhard Eisele 62 M.r. I Mühle Rüningen, Braunschweig: 62 o.r. I OKAPIA KG - Michael Grzimek & Co., Frankfurt/M.: GerardLacz 51.2 o.l.; Martin Wendler 51.1 (Schwimmkäfer). I PantherMedia GmbH (panthermedia.net), München: Titel, 32 o.l., 48 u.r., 51.1 (Wasserläufer), 55.5, 99.3, 99.5, 99.6; Reimann, Herbert 51.1 (Stichling). I Peter Wirtz Fotografie, Dormagen: 123 u.l. I Picture-Alliance GmbH, Frankfurt/M.: Alessandra Schenegger 18 o.l.; Andreas Keuchel 27 o.l.; Arco Images 54.2; Armin Weigel/dpa 118 u.l.; blickwinkel 54.1, 59 M.l., 60 Dinkel, 65.6; blickwinkel/A. Hartl 47 u.M.; blickwinkel/F. Hecker 53.7; blickwinkel/Fess-Klein 53.1; dpa 20 u.M., 20 u.l., 54.9, 88 u.r., 112 o.l.; dpa-Zentralbild 62 M.M., 62 u.r.; Franco Banfi/WaterFrame 66 o.r.; Haja Dietz 99.4; Herbert Pfarrhofer/APA 23 o.r.; Johannes Simon/SZ Photo 91 u.l.; NHPA/photoshot 52.6; Okapia/ Bartomeu Borrell Casais 47 u.r.; Okapia/Gerhard Fidler 94 o.l., 94 o.r.; Paul Mayall 108.1; Photoshot 53.2; Robert Harding World Imagery 115 o.l.; Rolf Haid 116 M.r.; Süddeutsche Zeitung Photo 11 M.l., 20 u.r., 110.5, 134.4; Sven Simon 56 o.l.; Tone Koene 115 M.r.; Wildlife/F.Teigler 47 o.r.; Wildlife/H. Schweiger 44.3; Woo He/Featurechina 131.5; Zentralbild 56.7. I Schneiderei Georg Staber, Riedering: 132.1, 132.2, 132.3, 132.4, 132.5, 132.6, 132.7, 132.8, 132.9. I Schwinn, Karl, „Speis und Trank im Odenwald", Reichelsheim: 60 Hafer. I Shutterstock.com, New York: 22 o.r., 22 u.l., 24 Bolivien-Flagge, 24 o.l., 25 M.r., 25 o.r., 26 M.r., 26 o.r., 26 u.l., 27 M.r., 38 o.M., 38 o.l., 38 o.r., 41 M.r., 44.1, 45 o.l., 45 o.r., 46.2, 46 M., 48 o.r., 51.1 (Fischreiher), 51.2 o.r., 51.2 u.M., 51.2 u.r., 51.2 u.r., 52.1, 52.2, 52.3, 52.4, 53.4, 53.6, 53 u., 54.8, 55.9, 58.3, 58.4, 60 Weizen, 64 /65 M., 64 M.l., 64 u.l., 65.1, 65.3, 67.1, 74 u.l., 93 u.r., 94 M.r., 94 u.r., 101.1, 101.2, 101.3, 101.6, 101.7, 104 Oke, 105 Malie, 105 Nino, 119 Tafari, 119 u.l., 131.6, 135.3, 139 o.r.; Fotokostic 53.3; tkemot 140 u.r.; Vlada Zhikhavera 52.8. I Stadt Ansbach, Ansbach: 101.5. I Steno Partyzeltverleih, Sustrum: 88 WC. I Stephan Barbarino GmbH & Co. KG, Burghausen: 130.3, 130.4, 130.5, 130.7, 131.1, 131.2, 131.3, 131.4. I Studio Schmidt-Lohmann, Gießen: 123 e, 124.1 t, 123 f, 124. I Tegen, Hans, Hambühren: 67.2. ITierbildarchiv Angermayer, Holzkirchen: Pfletschinger 51.1 (Molch). ITourismusverband im Landkreis Kehlheim e.V., Kelheim: 80.2. IUllrich, Rainer, Freiburg: 96 M.l. I vario images, Bonn: Manfred Bail/imageBROKER 118 M.r.; Wilfried Martin/imageBROKER 112 o.r. I Verkehrsverbund Großraum Nürnberg, Nürnberg: 92 o.l. I Verlag Friedrich Oetinger GmbH, Hamburg: 90.3. IVisum Foto GmbH, München: M. Staudt 32 o.r.; Werner Bachmeier 130.1. I Wefringhaus, Klaus, Braunschweig: 32 M.r., 33 u.M., 33 u.l., 33 u.r., 54 Frikadellen, 55 Obst, 72 o.r., 75.1, 75.2, 75.3, 76.1, 76.2, 77 M.r., 77 o., 111 o.M., 111 o.l., 111 o.r., 138 o.r., 139 u.. I © dtv Verlagsgesellschaft, München: 91 M.r.